古桥遗韵

U0670620

GUQIAO YIYUN—ZHUSANJIAO LISHI QIAOLIANG
DE DIAOCHA YU JINGGUAN BAOHU YANJIU

角历史桥梁的调查与景观保护研究

蒙子伟◎著

重庆大学出版社

内容提要

历史桥梁在一定程度上反映了一个时代的精神面貌,反映了一定时期的经济和技术的发展,同时也体现了一个地区、一个民族的审美。本书以广东珠三角地区历史上遗存至今的、不同类型的古桥梁为主要内容,从珠三角地区历史桥梁的保护状况和田野调查切入,对其进行普查和景观保护研究,分析其存在的现状和景观保护的价值,提出适合珠三角地区历史桥梁保护及其环境景观有机更变的方法和措施,保护城乡的历史信息、地域环境和人文风貌。

图书在版编目(CIP)数据

古桥遗韵:珠三角历史桥梁的调查与景观保护研究／蒙子伟著. -- 重庆:重庆大学出版社,2020.8

ISBN 978-7-5689-1446-8

Ⅰ.①古… Ⅱ.①蒙… Ⅲ.①珠江三角洲—古建筑—桥—调查研究 Ⅳ.①K928.78

中国版本图书馆 CIP 数据核字(2019)第 004692 号

古桥遗韵

——珠三角历史桥梁的调查与景观保护研究

蒙子伟 著

责任编辑:邱 瑶 陈 力　版式设计:陈 力
责任校对:邹 忌　　　　　责任印制:邱 瑶

*

重庆大学出版社出版发行

出版人:饶帮华

社址:重庆市沙坪坝区大学城西路 21 号

邮编:401331

电话:(023)88617190　88617185(中小学)

传真:(023)88617186　88617166

网址:http://www.cqup.com.cn

邮箱:fxk@cqup.com.cn(营销中心)

全国新华书店经销

重庆升光电力印务有限公司印刷

*

开本:787mm×1092mm　1/16　印张:10　字数:228千

2020 年 8 月第 1 版　　2020 年 8 月第 1 次印刷

ISBN 978-7-5689-1446-8　定价:60.00 元

　　本书是教育部规划基金项目"岭南历史桥梁数字化保护实践与研究"（20YJA760041）、广东省教育厅普通高校青年创新人才类项目"广州古桥的数字化保护与文化景观更变设计研究"（2014WQNCX190）、"基于多层级文化创意产业业态的田园综合体景观空间演替发展模式研究"（2017WQNCX169）、肇庆市哲学社会科学规划基金项目"基于OBE的粤港澳大湾区民办高校应用型创新人才培养模式的探索与实践"（20ZC-27）、广东理工学院质量工程项目"风景园林重点培育专业建设"（PYZY2018001）、"基于粤港澳大湾区发展视野下地方应用型人才培养模式的探究与实践"（JXGG2019044）的研究成果。

序言一

无论是在城市还是乡村,被江河分割的大地只有依靠桥梁才能连接起来,换句话说,大大小小的道路都要依靠桥梁跨江越河。因此,桥梁成为道路的延续,也可以说,它就是水上的道路,可以使人们不更换交通工具而直达彼岸。从这个意义上说,桥梁作为人类社会的创造物,作为文明的纽带,一方面为人类带来了巨大的便利和效益,另一方面又是人类在改造大自然的过程中显示出来的聪明智慧的结晶,是人的想象、技巧、情感、意志的表现。可以说,历史桥梁是古人智慧与艺术的体现,一座桥梁就是一座科学的丰碑,它记录了人类如何遵循客观世界的规律,从而达到驾驭客观世界的业绩。

广东珠江三角洲地区常年雨水充沛,水系发达,河网密布,因此珠三角地区遗留了一大批极具价值的历史桥梁。然而改革开放以来,城乡建设高速发展,越来越多的历史桥梁被破坏、被拆除,成为我国历史桥梁文化史上令人痛心的遗憾,因此对历史桥梁的保护意识亟待加强。

《古桥遗韵——珠三角历史桥梁的调查与景观保护研究》这本书,无疑是今后对珠三角乃至广东地区古桥保护和研究的及时雨。本书精选了广东珠三角地区具有代表性的136座历史桥梁,作者通过实地考察和详细收集的各类资料,向广大读者展示了广东珠三角地区的各类历史桥梁,解读了珠三角地区古桥文化,让广大读者更加方便快捷地获取珠三角地区的古桥信息,让广大读者更多地了解珠三角地区甚至广东古桥的建筑文化魅力。

祝贺《古桥遗韵——珠三角历史桥梁的调查与景观保护研究》与读者见面,乐而为序!

哈尔滨石油学院校长,固体力学教授

梁维斯

2020 年 3 月

序言二

　　桥梁是跨越河流、峡谷或其他交通线路时通济利涉的建筑物,它随着交通功能的需要和经济与科学技术的可能而发展,在力学规律和美学法则支配下,通过精心设计和精心施工而成,是人文科学、工程技术和艺术美学三位一体的产物。优秀的桥梁建筑不仅体现出人类智慧和伟大的创造力,而且往往成为时代的象征、审美的对象和文化的遗产。我国江河纵横、桥梁众多,在桥梁建筑艺术上具有悠久的历史和光辉的篇章,无论是在技术上还是美学上,都有不少可以引为自豪的成就。

　　广东地处中国东南沿海,河网密集分布。历史桥梁众多,建造年代最早为后汉,至晚及清代,形式内容丰富,是广东城乡的一笔重要文化遗产,具有不可估量的价值。改革开放以后,随着城乡建设的高速发展,现代化进程的不断深化,历史桥梁已经不适应现代交通,大量历史桥梁的类型和样式在还不为人知的情况下就被损毁了,成为岭南历史桥梁文化史研究的遗憾。如何保护广东历史桥梁,揭示它们的科学价值,有机更变其景观功能,使其在良好的环境下存在,发挥景观与历史文化作用,是当前广东城乡发展现代化进程中的重要课题。

　　广东珠三角地区乃至整个广东省的历史桥梁至今仍缺乏详细的调查与研究,对历史桥梁进行研究的文章和著作仍然很少,还没有进行总结和归纳,没有进展到寻找内部规律与外部关联的层次。《古桥遗韵——珠三角历史桥梁的调查与景观保护研究》这本书把历史桥梁作为调查和研究的对象,是对广东省历史桥梁进行全面普查的一个突破口。这本书基于作者大量的田野调查,内容丰富,信息量很大,对城乡建筑文化遗产的保护和景观有机更变设计有着十分重要的意义。广东现存历史桥梁一般处于旧城区,其精神场域能触发人们去缅怀历史,解读地方文化。立足桥梁景观,与历史街区复合共同构成了有机的景观整体,构建相应的生态体系,不仅能让历史桥梁延长其寿命,在良好的环境下存在,同时能加强城乡的文化品质,增加城乡的游憩空间,保护城乡历史人文环境可持续发展。

"他山之石,可以攻玉。"如果这本书能引起更多学者的关注,促使大家都对自己所在地区的历史桥梁进行调查研究,那么明晰广东历史桥梁的遗存状况就不是可望而不可即的了。有鉴于此,谨以为序。

广东理工学院建设学院院长

道路与桥梁教授级高级工程师

张东辉

2020 年 3 月

前 言

历史桥梁，是我国古建筑类型中非常重要的一种建筑类型，是建筑工程和科学技术史、艺术史的重要组成部分。它集文物的历史、艺术、科学三大价值于一身，其科学技术的成分，较之辉煌的宫殿、坛庙、寺观更为突出。历史桥梁反映了人类在历史发展过程中所创造的科学技术与文化艺术的伟大成就，是一份珍贵的文化遗产。改革开放前，由于我国社会经济总体发展比较落后，在广大农村有数量巨大的历史桥梁遗存下来。改革开放以后，因经济建设、社会发展以及人们的认识水平所限，在"旧城改造"和"农村城市化"建设的过程中，历史桥梁被大量拆除，大量的历史古桥在完全不为人知的情况下就被损毁了，成为我国历史桥梁文化史上令人痛心的遗憾。珠江三角洲地区是广东改革开放的前沿阵地，经济建设，尤其是基础建设的发展一直处于全国领先，与此同时，历史建筑的破坏速度也处于全国前列。

从 20 世纪 30 年代开始，研究中国古代桥梁的著作不断问世，发表的论文也随之增多，但还未形成数据整理保护系统。随着研究的深入，原始文献的收集、整理、总结、归纳成为必要环节。本书在大量实地调研并结合国内外文献资料的基础上，对珠三角地区历史桥梁的遗存状况进行调查与研究，以期为以后相关的保护、规划提供参考资料。

蒙子傅

2020 年 3 月

目 录

第一章 绪 论 ··· 1

  第一节 研究的缘由与意义 ·· 1

  第二节 研究的对象和主要内容 ··· 2

  第三节 研究的基础与方法 ·· 5

第二章 历史桥梁的分布 ·· 7

  第一节 广东珠三角地区 ··· 7

  第二节 "广佛肇"历史桥梁遗存状况 ·· 7

  第三节 "深莞惠"历史桥梁遗存状况 ······································ 10

  第四节 "珠中江"历史桥梁遗存状况 ······································ 11

  本章小结 ··· 13

第三章 历史桥梁的分期与分区 ··· 14

  第一节 分 期 ··· 14

  第二节 分 区 ··· 22

  本章小结 ··· 26

第四章 历史桥梁的分类 ·· 27

  第一节 广东珠三角地区文物保护单位石梁桥 ·························· 27

  第二节 广东珠三角地区文物保护单位石拱桥 ·························· 54

  第三节 廊 桥 ··· 86

  第四节 尚未列入文物保护单位的历史桥梁 ···························· 88

第五节　园林桥梁 ·· 99

第六节　桥梁装饰艺术 ··· 102

本章小结 ·· 106

第五章　历史桥梁的文化背景 ······················· 107

第一节　桥梁渊源 ··· 107

第二节　历史桥梁的美学价值 ··································· 108

第三节　历史桥梁与城乡空间的亲缘关系 ·························· 109

第四节　历史桥梁的文脉延续 ··································· 111

本章小结 ·· 122

第六章　历史桥梁在岭南建筑中的地位 ················ 123

第一节　广东历史桥梁在岭南建筑中的地位 ······················ 123

第二节　岭南历史桥梁与北方、江浙历史桥梁的比较研究 ············· 123

第三节　此项调查研究的收获与意义 ····························· 125

第四节　研究与保护 ··· 125

本章小结 ·· 126

结语 ··· 127

附录 ··· 129

参考文献 ·· 143

致谢 ··· 145

第一章 绪 论

第一节 研究的缘由与意义

历史桥梁是历史创造的不可再生的文化遗产,是我国历史文化遗产的重要组成部分,具有珍贵的保存价值。自古以来,历史桥梁是广东城乡的重要交通纽带,促进着城乡经济的发展,同时也成为地方的形象特征,起到文化符号、人文景观的作用。

改革开放前,由于我国社会经济总体发展比较落后,广东城乡遗存了大量的历史桥梁;改革开放后,随着城乡建设的高速发展,现代化进程不断加深,历史桥梁已经不适应于现代交通,处在"陈旧、过时"的矛盾状态之中,大量历史桥梁的类型和样式在还不为人知的情况下就被损毁了,成为岭南历史桥梁文化史研究的遗憾。如何保护历史桥梁,是城乡文物及环境保护者需要思考的问题。

广东珠三角地区甚至整个广东省的历史桥梁至今还缺乏详细的调查和研究,由于资料匮乏,对其分区、分期、分型、分式,至今还没有形成一个完整的结构体系。本书把历史桥梁作为调查和研究的对象,是对广东珠三角地区甚至广东省的历史桥梁进行全面的普查。迄今为止,对广东历史桥梁进行研究的文章和著作仍然很少,而这些文章和著作还处于局部的基本资料介绍阶段,还没到进行总结和归纳、寻找内部规律与外部关联的阶段。"他山之石,可以攻玉。"如果能引起更多学者的关注,大家都对自己所在地区的历史桥梁进行调查与研究,那么明晰广东历史桥梁的遗存状况就不是可望而不可即的了。

国外对历史建筑文化遗产的研究较早,从 15 世纪开始,欧洲国家对历史建筑遗产的保护范围就在不断扩大。20 世纪 60 年代,西方形成了关于城市历史街区保护的理论观念,提出了不仅要保护历史建筑本身,还要把周围环境作为整体共同给予保护。1840 年法国颁布的《历史性建筑法案》是世界上最早的关于文物保护的法律,1967 年英国颁布了《城市文明法》(City Amenities Act),以保护当时的历史街区,取得了巨大成就,由此可见西方发达国家对历史建筑保护的重视。

中华人民共和国成立后,以梁思成为代表的建筑师在保护古城古迹方面做出了巨大贡献。随着人们认识观念的不断提高,历史街区保护、城乡景观规划等相关方面的学术研究和实践取得了相当多的成果。城市多样性离不开历史建筑及其景观的存在,而历史桥梁又是历史建筑的重要组成部分,与历史街区形成一个有机的景观整体,是城市的文化资本,产生一定的历史魅力,激励着城乡经济的发展。近来,研究岭南历史桥梁的不乏其人。唐寰澄先生编著了《中国古代桥梁》,系统全面地介绍了我国古代桥梁建筑艺术。李合群先生主编了

《中国古代桥梁文献精选》，收录了桥梁文献 124 篇，时间跨度从先秦至清末，所选桥梁文献中的桥梁类型齐全，有梁桥、拱桥、索桥、浮桥、栈道等，内容包括形制、技术、艺术、文化、施工、管理、规章制度等方面。吴礼冠先生在《图像中国古代桥梁》一书中用图片和文字相结合的方式，对中国古代桥梁进行了全面而形象的介绍。项海帆、潘洪萱等作者编著了《中国桥梁史纲》，介绍了中国桥梁从公元前 21 世纪的夏朝直至 21 世纪共 4 000 多年的发展史，并列出了重要人物和具有代表性的工程，描绘出了中国桥梁的历史纲要和主要骨架。李绪洪先生的《广东历史桥梁的保护与景观有机更变研究》一书，在分析保护案例的基础上，探索了历史桥梁保护与维修的模式，以及景观有机更变的发展策略。

第二节　研究的对象和主要内容

广东珠三角地区位于广东省（图 1-1）的中南部，珠江下游，毗邻港澳，与东南亚地区隔海相望，海陆交通便利，被称为中国的"南大门"，下辖广州、佛山、肇庆、深圳、东莞、惠州、珠海、中山、江门九个城市。珠三角地区（图 1-2）九市总面积约为 5.6 万平方千米，不到广东省面积的 1/3，人口占广东省总人口的 53.35%。

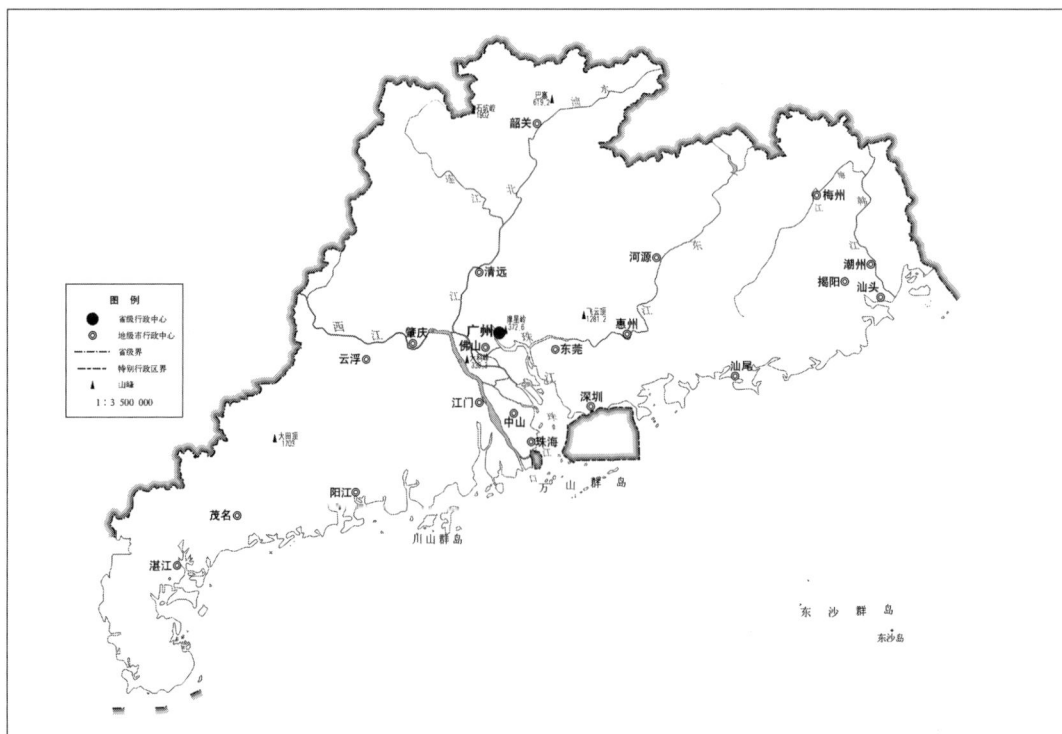

图 1-1　广东省地图

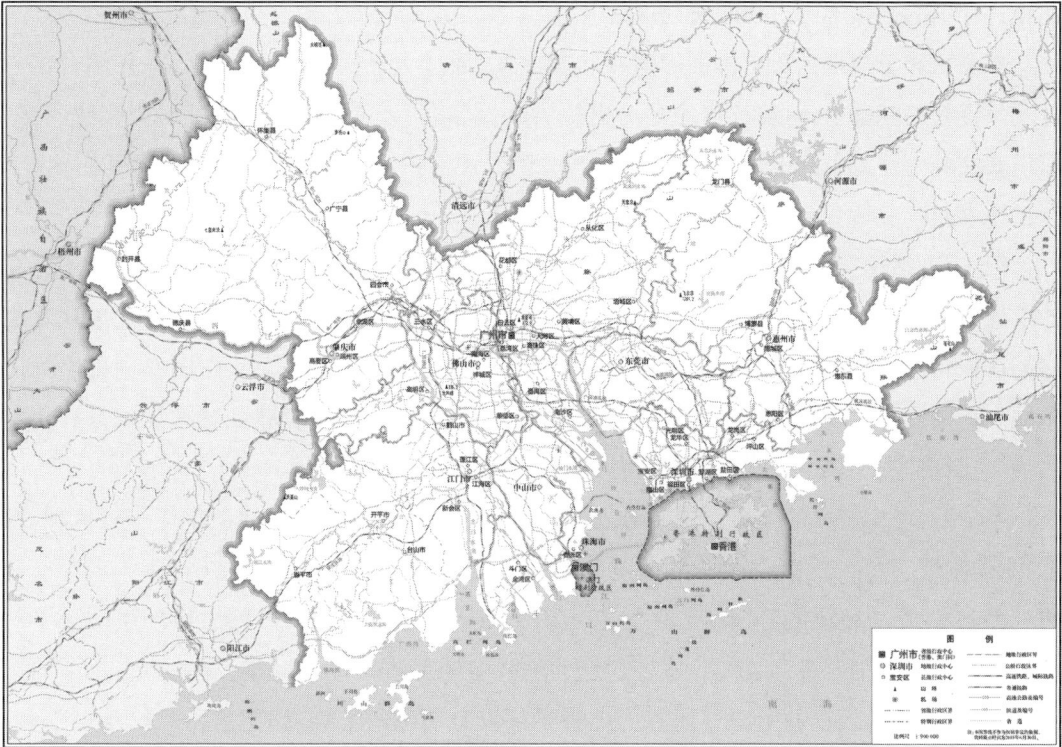

审图号：粤S（2018）011号　　　　　　　　　　　　　　　　　　　广东省国土资源厅　监制

图 1-2　广东珠三角地区地图

　　本书的研究对象是广东珠三角地区遗存至今的不同类型的历史桥梁。历史桥梁的时间界定为 1949 年以前，属于文物性建筑，有着历史、科学、技术、文化和情感的价值。因此，保护与维修历史桥梁不能用一般的建筑学知识来处理，要正确运用文物保护法的维修要求和方法。根据《中华人民共和国文物保护法》及相关条例规定，文物要正确地保护和合理地利用，历史桥梁属于不可移动的文物，在保护与维修的工程中，要严格按照规定和要求，其中除了要从文物保护单位的上一级人民政府文物行政部门获得批准，取得对文物的具体使用许可，还必须遵循"不改变文物原状""不得损毁、改建、添建或者拆除"的原则来维修，否则任何人将为"擅自修缮不可移动文物，明显改变文物原状"的行为承担相应的法律责任。

　　广东地处中国东南沿海，河网密集分布，历史桥梁众多且形式丰富。历史桥梁是广东城乡的一笔重要的文化遗产，是古建文物的一束奇葩，具有不可估量的价值。历史桥梁建造年代最早的为后汉，晚至清代，幸存至今的几乎都是简支石梁桥和石拱桥，因为简支石梁桥和石拱桥比木质桥梁坚硬，具有抗震、抗风和耐腐蚀的能力。但由于建造年代久远，如果这些简支石梁桥和石拱桥不及时地进行保护与维修，就会出现严重的功能性病变，迅速被破坏，将会导致历史桥梁逐步消亡。然而，目前对历史桥梁的保护与景观有机更变适应性发展策略的系统理论研究仍然是空白。如何保护广东历史桥梁，揭示它们的科学价值，有机更变其景观功能，使其在良好的环境下存在，发挥其景观与历史文化作用，是目前广东城乡发展现代化进程中的一项不可忽视的研究课题。

本书从珠三角地区历史桥梁的遗存状况出发,通过大量实地调研、测绘,并在结合国内外文献资料的基础上,对珠三角地区历史桥梁进行分期、分区、分类,研究其历史文化背景,探讨其在岭南建筑中的地位,以便为以后相关的景观保护规划设计提供数据参考和借鉴。

本书内容包括六个部分:

第一章:绪论。主要论述研究的缘由与意义,研究对象和主要内容,论述历史桥梁存在的价值意义,以及30多年来广东地区经济快速发展的过程中,由于人们对历史桥梁缺乏足够的认识,大量历史桥梁遭到人为的"建设性破坏"和"保护性破坏",从而使原本可以为广东城乡提供标识性、纪念性、研究性等多层意义的历史桥梁消逝,使城乡发展步入只有狭隘的当代建筑的发展之中,使城乡居民落入"找不到归家之路"的境地。

第二章:历史桥梁的分布。主要对当前珠三角地区的历史桥梁的建造年代进行梳理、归纳、数据整理,对珠三角地区历史桥梁的乡镇分布情况、桥梁样式进行总结归类。

第三章:历史桥梁的分期与分区。由于历史桥梁体量较小,数量巨大,早期民间疏于对历史桥梁进行详细记载,而晚期则进入社会动荡、灾难频发的动乱时期,有关历史桥梁的记载非常稀少,甚至现存的明清时期的历史桥梁都没有明确的纪年,即使是相对纪年也不多。本章主要从珠三角地区历史桥梁的遗存状况出发,对珠三角地区现存历史桥梁进行时代划分和区域划分。

第四章:珠三角地区历史桥梁的分类。从珠三角地区现存历史古桥的形制来看,主要有两大类:一是石梁桥,二是石拱桥。建造年代从后汉到清代,其中石拱桥约占65%,石、木梁桥约占35%。本章主要介绍珠三角地区九个城市被纳入文物保护单位的石梁桥、石拱桥、廊桥、园林桥梁,并探讨桥梁装饰艺术。

第五章:珠三角地区历史桥梁的历史文化背景。从岭南地区历史桥梁的起源、发展,从桥梁形态与环境协调,桥梁比例、尺度与环境相协调,这两个方面来探讨历史桥梁的美学价值,对当今城乡建设蓬勃发展,历史桥梁却不断被拆毁、破坏以及不断被边缘化的现状进行反思,探讨保护城乡历史桥梁的价值与意义。立足桥梁景观,保护人文环境,与城区历史街区复合,让历史桥梁的文脉得以延续。

第六章:历史桥梁在岭南建筑中的地位。鉴于广东历史桥梁"陈旧、过时"的遗存现状,呼吁对广东历史桥梁开展"抢救性工作",对其进行合理地保护、维修和利用,探讨岭南历史桥梁与江浙、北方历史桥梁的关系,阐述历史桥梁在岭南建筑中的地位,并对城乡现代化建设进程中大拆大建的各种破坏行径进行反思。总结历史经验,吸取教训,既要发展现代化,又要保护广东城乡历史建筑,保存历史桥梁及其周围的人文景观,发展城乡的文化动力,使得历史桥梁景观得以有效、可持续地发展。

第三节　研究的基础与方法

　　广东历史桥梁的保护研究历来颇受广东古建筑专家们的重视。黄道钦先生的《广东古桥初探》一文,阐述了目前广东古桥存在的一些基本状况,邓其生教授的《南方建筑传统防潮措施》阐述了文物建筑防潮、防腐与环境处理的措施与方法,吴庆洲教授的《广济桥历代建设》一文,都从不同角度论述了广东历史桥梁目前的状况。另外,在广东各地方《文物志》上也有一些关于广东古桥的文献记载。茅以升先生的《中国古桥技术史》一书,全面论述了中国古代桥梁的起源,历史发展阶段,古代桥梁的类型与分类及卓越的成就。罗英先生的《中国石桥》一书,论述了中国古代石桥构造的理论与经验。唐寰澄先生的《中国古代桥梁》一书,叙述了中国古代桥梁的类型及艺术。笔者在广东工业大学本科毕业后继续攻读硕士学位,跟随导师李绪洪教授从事广东历史桥梁的研究,到省内各地作了田野调查,收集了相关资料,发表了相关的论文。关于田野调查,采用点、线、面相结合的方法,首先是对省级以上文物保护单位进行重点调查和测绘,然后再作区域性调查。

　　本书研究的方法是从广东珠三角地区列入文物保护单位的历史桥梁的保护状况和田野调查切入,通过调查和实测,分析历史桥梁现存的问题和保护的价值。分析区域的现状、存在的破坏情况、维修的实例,以期较为真实、客观地反映景观保护与维修中存在的问题。通过对地方文献资料的收集和整理,实际调查发现古桥遗存的问题,从中找出古桥遗存的主要矛盾。针对不同情况,采取不同的景观保护方法,并对方法加以归纳和比较。本书的研究是在明确保护历史桥梁的基础上,进行景观有机更变适应性发展策略的理论研究,包含了历史桥梁及周围人文景观的整体有机更变、保护与维修。理论结合实践,较为科学地分析、逻辑论证和归纳,提出建立一个全面、系统、切合实际的保护与景观有机更变模式,为文物保护工作者、城乡管理者提供保护历史桥梁的参考,对一般市民也有一定的指导作用。

　　本书的研究框架,如图 1-3 所示。

珠三角历史桥梁的调查与景观保护研究

研究的缘由 ←→ 研究的意义

综述

研究的对象 ← 研究的内容 ←→ 拟解决的问题 → 研究的方法

田野调查

分布　　分期与分区　　分类　　历史文化背景　　在岭南建筑中的地位

广佛肇　深莞惠　珠中江　年代划分　区域分布　梁桥　拱桥　廊桥　园林桥梁　桥梁装饰艺术　桥梁渊源　桥梁的美学价值　桥梁与城乡空间的亲缘关系　历史桥梁的文脉延续　研究与保护

珠三角历史桥梁的调查与景观保护研究 ← 此项调查研究的收获与意义

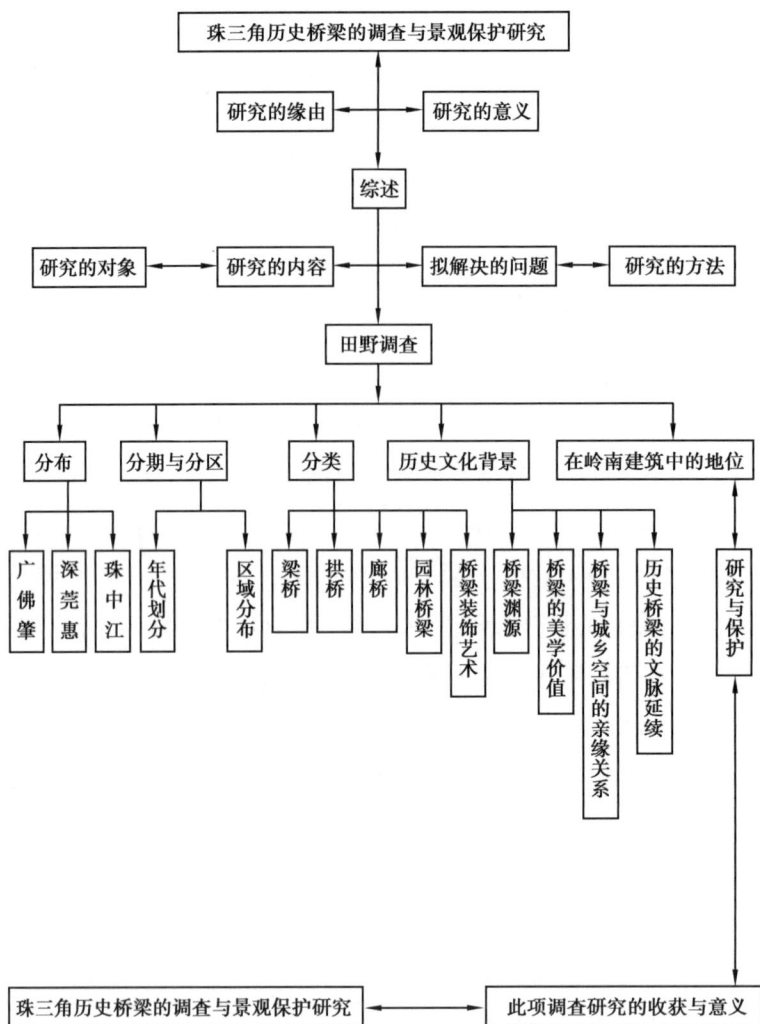

图 1-3　本书的研究框架

第二章　历史桥梁的分布

广东地处中国东南沿海,河网密集分布,历史桥梁也众多且形式丰富,历史桥梁是广东城乡的一笔重要文化遗产,具有不可估量的价值。俗话说:"逢山开路,遇水搭桥。"对交通而言,其在自然界中主要的障碍便是山与河,而桥梁,无疑是突破河流天堑的最重要和最有效的手段。无论是在城市还是乡村,大大小小的道路都只有依靠桥梁才能跨越江河,被水流分割的大地依靠桥梁才能连接起来。历史桥梁是我国传统建筑中的一种重要类型,曾广泛分布于我国大部分地区,其中类型、样式千变万化,但万变不离其宗,其共同特征都是城乡交通的重要纽带。

第一节　广东珠三角地区

广东珠三角地区位于中国广东省东部沿海,是西江、北江共同冲积成的大三角洲与东江冲积成的小三角洲的总称,呈倒置三角形,是放射形汉道的三角洲复合体。底边西起佛山三水区、广州市东到石龙为止的一线,顶点在崖门湾。面积约 1.1 万平方千米。地面起伏较大,四周是丘陵、山地和岛屿,占总面积的 30%。中部是平原,分布在广州市以南、中山市以北、江门以东、虎门以西。珠江水系年均输沙量达 8 000 多万吨,河口附近三角洲仍在向南海延伸。珠江水系一进入三角洲地区,越向下游分汉越多,河道迂回曲折,时开时合,纵横交错。在珠江出海口,又为一系列从东北至西南走向的岛屿群落所包围,将水收分注流出海。这不仅加强了河网的复杂化,也有利于河、海两大系统的相互联系。这种密布交错的河网不但为海上交通和商业贸易的发展创造了有利条件,也为这一带具有广府文化特色的水乡聚落的形成奠定了良好的自然环境基础。广东珠三角地区因其河网纵横,桥梁建设有着悠久的历史。据不完全统计,广东珠三角地区现存历史桥梁分布如下:广州 13 座、佛山 20 座、肇庆 7 座、深圳 7 座、东莞 12 座、惠州 15 座、珠海 6 座、中山 3 座、江门 53 座,共计 136 座,纳入市级文物保护单位的有 71 座,尚有 65 座历史桥梁还未纳入文物保护单位,破坏仍存在着"合理性"和"合法性"。

第二节　"广佛肇"历史桥梁遗存状况

一、广州市

广州有着两千多年的历史,位于珠江三角洲北部,濒临南海之滨,为西江、北江、东江三江汇合处,是中国历史文化名城,是中国最大、历史最悠久的对外通商口岸,是海上丝绸之路的起点之一,有"千年商都"之称。广州城厢内外遍布纵横交错的水道,西濠、东濠、玉带濠、清水濠、六脉渠、大观河、文溪、驷马涌、北津溪、柳波涌、荔枝湾……古桥不可胜数,像流花古桥、云桂桥(图2-1)、利济桥、通济桥、龙津桥、汇龙桥、顺母桥、状元桥、文溪桥、彩虹桥,都是历史悠久,大名鼎鼎。而今大部分溪流都已枯涸,或改建变成公路,许多古渠濠涌,不是被填埋,就是改为箱渠,那些充满诗情画意的桥梁景观,十之八九已荡然无存。广州市现存历史桥梁市级文物保护单位13座,花都区1座、增城区3座、荔湾区3座、白云区1座、海珠区2座、番禺区3座,皆有上百年历史。

图 2-1   云桂桥

二、佛山市

佛山位于广东省中南部,地处珠江三角洲腹地,东倚广州,毗邻港澳,与广州地缘相连、历史相承、文化同源。佛山地处亚热带,气候温和,雨量充沛,属珠江三角洲的暴雨地区。珠江水系中的西江、北江及其支流贯穿全境,属典型的三角洲河网地区,自古就是富饶的鱼米之乡,是独具特色的岭南水乡。其中顺德区的主要河道有16条、段,总长756千米,河流依地势从西北流向东南,河面宽度一般为200~300米,水深5~10米,重要水道有北江水系的潭洲水道、顺德水道,西江水系的西江干流及其分汊有东海水道、海洲水道、鸡鸦水道、桂洲水道、甘竹溪、顺德支流、平洲水道、容桂水道等,十多条水道流贯全境,总长126.8千米。这些水道把顺德自北向南切割成几大块小平原,平原间是连通各大水道、密如蜘蛛网的小河涌。顺德南部的容桂、杏坛、均安三镇,有着纤秀而不失壮丽的水乡文化,在一派河道交错与古桥纵横的美丽村景中,半个多世纪前,曾是"缫丝床位达万座,每年产丝十万斤以上"的丝绸盛世。遗憾的是,随着时代的变迁,这著名的古丝绸水道已荒废,不少地方甚至被水泥填平。虽"古水道不存",但古桥仍在,容桂的四基水乡现在依然有不少古桥,建造年代从宋至近代,是顺德的"古桥博物馆"(御波桥,图2-2)。佛山市现存历史桥梁市级文物保护单位20

座,三水区1座、南海区7座,顺德区有12座之多,古桥遗韵犹在。

图2-2 御波桥

三、肇庆市

　　肇庆西靠桂东南,珠江主干流西江穿境而过,北回归线横贯其中。背枕北岭山,面临西江,上控苍梧,下制南海,为粤西咽喉之地,有"中国砚都"的美誉。横穿肇庆的西江是径流量仅次于长江的全国第二大河,由西江、北江支流绥江、贺江组成的江河水网,可东通广州、深圳、香港,西抵广西,南达江门、珠海、澳门,北上韶关,素有"黄金水道"之称。肇庆虽为粤西重镇,水陆衔接、江河发达,历史桥梁大多已荡然无存。据不完全统计,肇庆市现存历史桥梁7座,封开县3座,德庆县1座、四会市2座、怀集县1座。广东地区唯一幸存的廊桥(屋桥)泰新桥(图2-3)便位于肇庆市封开县。

图2-3 泰新桥

第三节　"深莞惠"历史桥梁遗存状况

一、深圳市

深圳位于广东省南部,珠江口东岸,西濒珠江口和伶仃洋,东临大鹏湾和大亚湾,南边隔深圳湾、深圳河与香港相望,北与东莞、惠州两市接壤,有辽阔海域连接南海及太平洋。毗邻香港,是中国南部美丽的滨海城市。深圳在改革开放前是落后的贫困地区,历史建筑的遗存数量大大超过全国平均水平。从中国南海之滨的小镇,到现代化大都市,深圳是中国改革开放和现代化建设的精彩缩影,与此同时,历史建筑的破坏速度在全国也是最快。深圳市现存历史桥梁7座,分别是宝安区的永兴桥(图2-4、图2-5)、凤凰桥,南山区南头大板桥和龙岗区大鹏古城的官坑桥、东荣荫桥、福隆桥、登云桥,市级历史桥梁文物保护单位仅永兴桥1座。

图 2-4　永兴桥

图 2-5　永兴桥保护铭牌组图

二、东莞市

东莞地处广东省南部,珠江口东岸,东江下游的珠江三角洲。市内主要河流有东江、石马河、寒溪水。东莞境内96%的河流属东江流域,东江干流自东北博罗县、惠州市惠城区之间入境后,沿着北部自东向西行至桥头镇新开河口,从深圳市宝安区的石马河流入,到达企石镇从企石河流入,石龙镇分出东江南支流后,北干流续流至石滩,与增城区支流交汇,经石碣镇、高埗镇、中堂镇、麻涌镇大盛村注入狮子洋;东江南支流斜向西南,在峡口社区接纳来自市境中部的寒溪水,峡口以下有牛山水、蛤地水和小沙河3支较小的支流,自东向西汇,入流经石碣镇、莞城街道、道滘镇、厚街镇、沙田镇于泗盛注入狮子洋。东江北干流与南支流之间为东江三角洲的河网区。据不完全统计,东莞市现存历史桥梁12座,其中万江区3座、莞城区7座、石龙镇1座、中堂镇1座。

三、惠州市

惠州位于广东省中南部,地处低纬度,雨量充沛,阳光充足,气候温和,属亚热带季风气候区。年降水量2 200毫米,年平均气温22摄氏度,陆地常年葱绿,生机益然。广东三大水系之一的东江及其支流西枝江横贯境内。惠州是客家人主要的集中居住地,惠州客家人是在东江流域包括客家先民、客家人和客家后裔生活的族群,是客家民系中的一个地域群体。据不完全统计,惠州市现存历史桥梁15座,其中博罗县10座、惠东县1座(黄沙塘高桥,图2-6)、惠城区2座、惠阳区1座、龙门县1座。

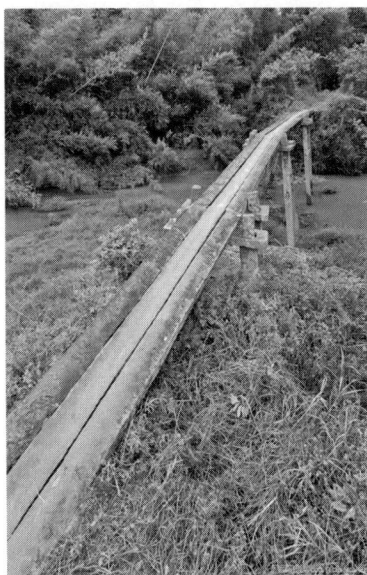

图2-6 黄沙塘高桥

第四节 "珠中江"历史桥梁遗存状况

一、珠海市

珠海位于广东省珠江口的西南部,东与香港隔海相望,南与澳门相连,西邻江门市新会区、台山市,北与中山市接壤。珠海是我国首批的四大经济特区之一,在改革开放的热潮中,由于当时人们文化保护意识的淡薄,珠海市的历史古桥首当其冲地遭到了相当严重的破坏。在第三次全国文物普查中,珠海登记在册的历史桥梁仅有5座,分别是唐家湾镇的大观桥和会同单孔桥,斗门区的三驳桥、乾北石桥、大庙石桥,加上未登记在册的南屏永济桥,现存历史桥梁仅有6座,桥梁大部分已经被毁。这些古桥大多已有百年以上的历史,属于不可移动文物。古桥因其年代久远,被风雨侵蚀,遭受了不同程度的损坏,虽然现在还在发挥交通功能,但是不知哪天会遭遇拆除或者轰然倒塌。

二、中山市

中山位于珠江三角洲中南部,地形平面轮廓似一个紧握而向上举的拳头,南北狭长,东西短窄。地形配置分北部平原区、中部山地区和南部平原区。平原面积约占全市面积的68%,山地占25%,河流占7%。市境三面环水,境内主要水道从西北流向东南,5 000多条河涌和人工排灌渠道纵横交织,互相连通,以冲口门为顶点呈放射状的扇形分布。中山市的河网密度是广东较大的河网密度之一,各水道和河涌承纳了西江、北江来水,汛期超过半年。东北是北江水系的洪奇沥水道;中部是东海水道,下分支鸡鸦水道和小榄水道,汇合注入横门水道;西部为西江干流,在磨刀门出海。还有黄圃水道、黄沙沥等互相沟通,形成了纵横交错的河网地带。中山市共有支流289条,全长977.1千米,历史桥梁应浩若繁星,但现在却屈指可数。据不完全统计,中山市现存历史桥梁仅3座,石岐区、小榄镇、环城区各1座。

三、江门市

江门地处珠江三角洲西部,因位于西江与其支流蓬江的汇合处,江南烟墩山和江北蓬莱山对峙如门,故名江门,又称"四邑""五邑"。江门主要河流有西江、潭江及其支流和沿海诸小河。西江、潭江、朗底水、莲塘水、蚬岗水、白沙水、镇压海水、新昌水、公益河、新桥水、址山水、江门水道、天沙河、沙坪河、大隆洞河、那扶河16条河流的集水面积均在100平方千米以上。西江干流于境内长76千米,自北向南流经鹤山市、蓬江区、江海区和新会区、经磨刀门、虎跳门出海,境内流域面积1 150平方千米,出海水道宽阔,河床坡降小,水流平缓,滩涂发育。此干流上建有惠济桥(图2-7)。其中江门水道称为江门河,又称蓬江,从东北向西南横贯江门市区,与潭江相汇,经新会银州湖、崖门注入南海。潭江自西向东流经恩平市、开平市、台山市和新会区,经银洲湖出崖门注入黄茅海,干流于境内长248千米,境内流域面积6 026平方千米。据不完全统计,江门市现存历史桥梁53座,恩平市3座、鹤山市3座、台山市1座、新会区6座、蓬江区1座、江海区3座、开平36座,开平市是广东现存历史桥梁最多的地区。

图2-7　惠济桥

本章小结

　　广东河网密集,水网繁多,本章主要介绍广东珠三角地区各城市的水文分布,梳理珠三角各地区现存历史桥梁分布情况。本章有关历史桥梁的统计数据是笔者根据"中国世界遗产网""广东文化网"、2008 年广东省各级文物保护单位,并参考广东珠三角地区九市《文物志》整理汇编而成的。历史桥梁体量较小,数量巨大,部分历史桥梁因为没被记录在案,所以没被列入文物保护单位,部分历史桥梁因为没被列入文物保护单位而遭到人为破坏或自然荒废,因此本章统计的历史桥梁的分布情况都只能是初步的数据。

第三章 历史桥梁的分期与分区

第一节 分 期

广东珠三角地区历史桥梁分布在广东城乡的广袤土地上,是广东人民在改造大自然的过程中显示出来的聪明智慧的结晶。由于历史桥梁体量较小,数量巨大,早期民间疏于对历史桥梁进行详细地记载,而晚期则进入社会动荡、灾难频发的动乱时期,有关历史桥梁的记载非常稀少,甚至是现存的明清时期的历史桥梁,几乎也没有明确的纪年,即使是相对纪年也不多。改革开放以后,现代公路桥梁建设所向披靡,一座座历史桥梁被破坏,以致消亡,历史桥梁变得越来越少,且破坏势头难以控制。已知有关广东珠三角地区各城市历史桥梁的记载几乎全部集中在明清时期,其形制绝大部分是比较晚期的样式,不能全面完整地反映广东珠三角地区历史桥梁的年代概况。以下为调查研究所知的有年代可考的历史桥梁。

一、广州已知历史桥梁的年代划分

表 3-1 广州古桥已知年代表

序号	桥名	建造年代	坐落位置	保存状况	备注
1	花桥	宋景德年间 (1004—1007年)	原南濠上远华楼下	不存	明代又称:粤桥
2	果桥	宋景德年间 (1004—1007年) 经略使高绅建	南濠街城垣下(俗呼大水关)《广东通志》	不存	又名:拱桥
3	春风桥	宋代	旧广州城武安街右(今马鞍街)	不存	
4	开明桥	宋代	旧广州城金肃门外,西城之西	不存	又名:止戈
5	为政桥	宋代	旧广州城和丰门外,西城之西	不存	又名:通津
6	拱北桥	宋代	旧广州城朝天门外,西城之北	不存	又名:就日
7	鼎安桥	宋代	旧广州城威远门外,西城之北	不存	又名:威远
8	起敬桥	宋代	旧广州城金肃门外一里,西城之西	不存	
9	致喜桥	宋代	旧广州城行春门外,子城之东门	不存	
10	宾日桥	宋代	旧广州城震东门外,东城之东	不存	
11	王孙桥	宋代	旧广州城拱辰门外,东城之北	不存	
12	西高桥	宋代	旧广州城善利门外,西城之南	不存	
13	文溪桥	宋代李忠简昂英建	长塘街北	不存	又名:明月桥
14	越桥	宋代景德年间 (1004—1007年) 经略使大绅建	高市西街(今惠福路)	不存	

续表

序号	桥名	建造年代	坐落位置	保存状况	备注
15	状元桥	宋代李忠简昴英建	小北门内直街（今小北路）	不存	
16	狮子桥	宋代李忠简昴英建	大石街南	不存	
17	万里桥	明嘉靖丙寅年（1566年）	小北门内明旧贡院前	不存	
18	清风桥	后汉	惠爱大街布政司署之西（今中山五路）	不存	
19	仙童桥	后汉	仙湖街《广州城坊志》卷二81页："刘氏御湖，北为宝石桥，以通御驾，南为仙童桥，以便四民。"	不存	
20	西门桥	明嘉靖丁亥年（1527年）以石改建	第二甫，即今人民北路入西华路跨西濠	不存	
21	太平桥	元至元年间（1264—1294年）建，明成化八年（1473年）改木以石，清康熙癸亥年（1683年）拆移修青云桥	旧城西厢《大清一统志》记载："太平桥在南海县太平门外，明嘉靖五年（1526年）建；非今之太平桥。"	不存	
22	青云桥	清康熙二十二年（1683年）	光复南路青丘里（旧青云里）旁	不存	又名：旱桥
23	大观桥	始建于元代，明嘉靖五年（1526年）改建石桥	十三甫路，建于清代，《广州市地名志》162页	不存	又名：达观桥
24	高桥	清咸丰年间（1851—1861年）	菜栏街	不存	
25	巩桥	清乾隆二年（1737年）修理	广州城大南门外，《广东通志》："疑此即前果桥（拱）。"	不存	
26	帅武桥	清乾隆二年（1737年）疏请动项修理	广州城大东门外《广州城坊志》卷六6页："凝水毋桥、顺毋桥（兴济桥）、帅武桥为一桥，音同字误。"	不存	
27	归德桥	明永乐年间（1403—1424年）	大德路与解放路之间，《广州市地名志》37页称小市东街，因小市桥（即归德桥）而得名，而《旧志书》记载归德桥俗呼小市桥	不存	
28	万安桥	清乾隆年间（1736—1795年）	今万安里，因附近有万安桥而得名	不存	
29	白沙湖桥	清乾隆二年（1737年）疏请动项修理	大东门外	不存	
30	迎恩桥	始为木桥，明天顺年间（1457—1464年）改为石桥	今迎恩里，因附近有迎恩桥而得名，清代建，《广州市地名志》101页	不存	

续表

序号	桥名	建造年代	坐落位置	保存状况	备注
31	沙洲桥	明嘉靖九年（1530年）建,嘉靖三十六年（1557年）募修	今沙洲巷,因附近有沙洲桥得名	不存	
32	万福桥	明末	今万福路,因万福桥得名	不存	
33	青云桥	明万历年间（1573—1619年）建,清康熙二十二年（1683年）改建石桥	青云直街,为青云桥外干道	不存	
34	环珠桥	清乾隆四十一年（1776年）	海珠区环珠直街北端,20世纪60年代因漱珠涌改暗渠时拆毁	不存	
35	探花桥	明代陈子壮建	旧广州城大东门外东皋	不存	
36	洋桥	清光绪年间（1875—1908年）重修	白云区蚌湖村之东北	不存	
37	长寿桥	清康熙二十八年（1689年）尚观保重建	旧广州城大北门外	不存	
38	和平桥	清代	珠江路中段南侧,清代和平县人建木桥	不存	
39	永清门桥	明末	原永清门外,跨玉带河	不存	
40	玉带桥	明代	大东门外元运里,陈子壮园林洛墅内	不存	
41	跃龙桥	清乾隆四十一年（1776年）	跃龙大街,该街因桥而得名	不存	
42	湛塘街石桥	清末	湛塘街,横跨玉带河	不存	
43	登鳌桥	清末	海珠区登鳌里,为登鳌桥南之街道	不存	
44	镇龙桥	清代	越秀区东风街西华路至大渠坊,《越秀区地名录》42页	不存	
45	银锭桥	清代	越秀区东风街永安约西,《越秀区地名录》41页	不存	
46	驷马桥	清代	越秀区东风街驷马直街,《越秀区地名录》48页	不存	
47	汇龙桥	原用白石砌筑,清光绪末年（1908年）改用三合土修筑,低于地平	原河南南岸大街,海珠区《海上明月集》	已毁,辟为马路	
48	新桥	清咸丰年间（1851—1861年）	荔湾北路北端,《广州市地名志》25页:"司马涌桥建成时称为新桥。"	已建为荔湾北桥	又名:司马涌桥
49	流花桥	南汉	广州体育馆右侧,明理税太监易为石桥,并建亭其上(亭早已毁),曰民乐	仅存长石数块	

续表

序号	桥名	建造年代	坐落位置	保存状况	备注
50	漱珠桥	清乾隆四十一年（1776年）	广州海珠区南华中、西路交接处附近，20世纪60年代因漱珠涌改暗渠时拆毁	仅存东侧石级	
51	七块石桥	后汉	七块石街	仅存街石五块	又名:宝石桥
52	福荫桥	清乾隆年间（1736—1795年）	芳村醉观花园内	基本保持原貌	
53	石井桥	清乾隆年间（1736—1795年）建，道光十年（1830年）重建	石井镇，跨石井河，桥西有"道光岁次辛卯"石刻	较好	
54	李公桥	明万历年间（1573—1619年）户部尚书李待向建，清乾隆六年（1741年）魏绾修，清嘉庆年间（1796—1820年）重修	芳村石围塘秀水河上"通福桥"三字仍在中间一孔之上	完好	又名:五眼桥、通福桥
55	沙面西桥	清咸丰九年（1859年）	英法租借沙面，1861年9月签《沙面租界条约》。沙面东、北两面开涌隔离大陆，一桥相通，此为西桥	完好	
56	马涌桥	清代中叶始建，宣统二年（1910年）重修	马涌直街旁，桥南侧有光绪二十九年（1903年）所刻的《禁占官涌碑记》、宣统二年（1910年）所刻的《续重修汇津石路碑》，栏石旁石刻"汇津"仍在	完好	又名:汇津桥
57	小港桥	明嘉靖（1565年）何维柏改木以石，清宣统三年（1911年）重修	今海珠区晓港公园内	完好	又名:云桂桥
58	毓灵桥	清代	荔湾区芳村杏花大街大埔口	完好	
59	东堤桥	清光绪三十三年（1907年）建，民国18年（1929年）改建铁桥	东濠口东堤与大沙头相连	改建	见《东山区百年大事记》
60	普济桥	明万历三十三年（1605年）以石改建，1928年改建钢筋三合土桥	今和平东路东端段，1931年建和平东路，已与马路连通	不存	
61	东高桥	宋代	今三角市跨东濠	改建	明称:永安桥，1935年改为混凝土桥，更名小东门桥

续表

序号	桥名	建造年代	坐落位置	保存状况	备注
62	彩虹桥	始建于宋代,清康熙二十四年八月至二十五年四月(1685—1686年)重修	西华路,现为钢筋混凝土结构马路桥,长25米,宽16米	改建	又名:长桥,1930年重修

(本表根据广州历史文献资料整理绘制)

　　据表 3-1 所示,广州历史桥梁的记载早到后汉,晚及清代,已知有关历史桥梁的记载几乎大部分集中在明清时期,76%的广州历史桥梁已经被毁或改建,只能从相关历史文献中找到一点痕迹,个别历史桥梁或已改建为混凝土桥梁与公路连接,已丧失其文物保护价值。广州现存历史桥梁的形制绝大部分是比较晚期的样式,不能全面完整地反映所有广州历史桥梁的年代概况。

二、广东珠三角地区历史桥梁市级以上文物保护单位年代表

表 3-2　广东珠三角地区九市历史桥梁市级以上文物保护单位一览表(自制)

序号	桥梁名称	批次或公布年月	所属地级市	所属县(区)	坐落详细位置	年代	保护级别	保存状况
1	沙面西桥	1996年11月	广州市	荔湾区	沙面北街与沙面三街交汇,跨沙基涌接六二三路	清代(1861年)	全国重点A级保护	较好
2	石井桥	2002年7月	广州市	白云区	白云区石井镇	清代	广东省级	较好
3	通福桥(五眼桥)	1993年8月	广州市	荔湾区	荔湾区石围塘街五眼桥村	明代	广州市级	较好
4	云桂桥	1993年8月	广州市	海珠区	海珠区前进路晓港公园	清代	广州市级	完整
5	毓灵桥	1993年8月	广州市	荔湾区	荔湾区冲口杏花大街	清代	广州市级	完整
6	汇津桥	2002年9月	广州市	海珠区	海珠区马涌直街	清代	广州市级	完整
7	跨龙桥	2008年12月	广州市	番禺区	番禺区石碁镇新桥村南坊	清代	广州市级	完整
8	龙津桥	2008年12月	广州市	番禺区	番禺区石楼镇大岭村	清康熙	广州市级	一般
9	龙门桥	2002年9月	广州市	番禺区	番禺区化龙镇水门村	清代	广州市级	完整
10	利济桥	2008年12月	广州市	海珠区	海珠区马涌直街	清代	广州市级	完整

序号	桥梁名称	批次或公布年月	所属地级市	所属县(区)	坐落详细位置	年代	保护级别	保存状况
11	复昌桥	—	广州市	增城区	新塘镇东江河岸石下村	清代	广州市级	完整
12	步云桥	2002年9月	广州市	增城区	朱村镇大岗村	清乾隆	广州市级	完整
13	贞女桥	2002年7月	佛山市	顺德区	顺德区龙江镇世埠村	宋至明	广东省级	残存
14	明远桥	2002年7月	佛山市	顺德区	顺德区杏坛镇逢简村潭头坊	明代	广东省级	完整
15	探花桥	1994年7月	佛山市	南海区	南海区九江镇下西翘南大新生产组内	明万历	佛山市级	完整
16	大石桥	1994年7月	佛山市	南海区	南海区里水镇	清代	佛山市级	一般
17	古岗桥	2006年10月	佛山市	南海区	狮山镇永安村委古岗村	明代	佛山市级	完整
18	福星桥	—	佛山市	南海区	狮山镇大榄村大榄涌上	清宣统	佛山市级	完整
19	三山三眼桥	—	佛山市	南海区	桂城街道东区村委会禾仰村	明代	佛山市级	完整
20	三元桥	1994年7月	佛山市	南海区	南海区九江镇儒林社区船栏街旁	清道光	佛山市级	较好
21	三眼桥	1994年7月	佛山市	南海区	南海区盐步镇河东村穗盐路	明代	佛山市级	一般
22	巨济桥	1991年5月	佛山市	顺德区	杏坛镇逢简村逢简圩入口处	宋至民国	佛山市级	完整
23	金鳌桥	2006年1月	佛山市	顺德区	杏坛镇逢简村根小组大地街	清康熙	佛山市级	完整
24	爱日桥	2006年1月	佛山市	顺德区	杏坛镇龙潭村古粉牌坊前200米	明代	佛山市级	完整
25	跃龙桥	2006年1月	佛山市	顺德区	杏坛镇上地村前街	清代	佛山市级	较好
26	洛阳桥	1998年12月	佛山市	顺德区	顺德区容桂街道	北宋	佛山市级	完整
27	广孝桥		佛山市	顺德区	勒流街道黄连居委会基尾	明弘治	—	—
28	见龙桥	1998年12月	佛山市	顺德区	顺德区勒流镇	清代	佛山市级	较好
29	德云桥	2006年1月	佛山市	顺德区	北滘镇碧江居委会民乐公园内	清代	佛山市级	一般

续表

序号	桥梁名称	批次或公布年月	所属地级市	所属县（区）	坐落详细位置	年代	保护级别	保存状况
30	垂虹桥	1998年12月	佛山市	顺德区	顺德区陈村镇	清代	佛山市级	较好
31	御波桥	1994年7月	佛山市	顺德区	顺德区伦教街道	清代	佛山市级	完整
32	半江桥	1983年	佛山市	三水区	三水区河口街北岸	1936年	佛山市级	完整
33	泰新桥	1989年6月	肇庆市	封开县	平凤镇平岗新村	明代	广东省级	较好
34	酒井桥	2003年9月	肇庆市	封开县	南丰镇府北郊	清代	肇庆市级	较好
35	龟石桥	2002年4月	肇庆市	四会市	下茆镇蒲洞村口	清代	肇庆市级	一般
36	窖坑桥	2002年4月	肇庆市	四会市	威整镇下闸村边	清代	肇庆市级	一般
37	双拱桥	2003年9月	肇庆市	封开县	长安镇上老柴村	清代	肇庆市级	较好
38	永兴桥	1984年9月	深圳市	宝安区	沙井街道新桥村	清代	深圳市级	完整
39	种德桥	1993年6月	东莞市	万江区	万江区大汾村	明代	东莞市级	完整
40	青云桥	1993年6月	东莞市	万江区	万江区大汾村	明代	东莞市级	完整
41	连步桥	1993年6月	东莞市	万江区	万江区大汾村	明代	东莞市级	完整
42	孙杜古桥	2004年1月	东莞市	石龙镇	石龙镇西湖村	明代	东莞市级	较好
43	福庆桥	2004年1月	东莞市	中堂镇	中堂镇袁家涌村	清代	东莞市级	较好
44	会仙桥	1978年	惠州市	博罗县	罗浮山朱明洞	清代	惠州市级	完整
45	保宁桥	1985年	惠州市	博罗县	罗阳镇观背村	宋代	惠州市级	完整
46	宁济桥	1985年	惠州市	博罗县	罗阳镇九江村东	清代	惠州市级	完整
47	长庆桥	1985年	惠州市	博罗县	泰美镇良田村	清代	惠州市级	完整
48	甜济桥	1987年	惠州市	惠东县	高潭镇泔溪村	清代	惠州市级	完整

序号	桥梁名称	批次或公布年月	所属地级市	所属县(区)	坐落详细位置	年代	保护级别	保存状况
49	拱北桥	1990年	惠州市	惠城区	桥西渡口所左侧	明代	惠州市级	完整
50	普济桥	1996年	惠州市	惠城区	小金口镇白沙堆村	明代	惠州市级	完整
51	大观桥	2011年11月	珠海市	香洲区	唐家湾镇上栅社区	清光绪	珠海市级	完整
52	三驳桥	2011年	珠海市	斗门区	斗门区乾务镇荔山村西面中心涌上	明代	珠海市级	一般
53	乾北石桥	2011年	珠海市	斗门区	斗门区乾务镇乾北村	明代	珠海市级	较好
54	会同单孔桥	2011年	珠海市	香洲区	唐家湾镇会同社区北村	民国	珠海市级	一般
55	大庙石桥	2011年	珠海市	斗门区	斗门区斗门镇大濠涌村	清代	珠海市级	较好
56	泮水桥	1990年12月	中山市	石岐街道	石岐街道孙文东路	明代	中山市级	完整
57	双美桥	1990年12月	中山市	小榄镇	小榄镇北街	明代	中山市级	较好
58	杜婆桥	2009年	中山市	沙溪镇	涌边村涌边街六乡涌	清代	中山市级	完整
59	濠头青云桥	2009年	中山市	火炬高技术产业开发区	联富社区濠头小区文阁大街	清宣统	中山市级	较好
60	跃龙桥	2009年	中山市	小榄镇	新市社区跃龙街与东区社区西凌大街之间	清代	中山市级	较好
61	官路桥	1983年	江门市	恩平市	圣堂镇三山村委会	清代	江门市级	较好
62	惠济桥	1983年	江门市	鹤山市	沙坪镇玉桥村	清代	江门市级	一般
63	水口桥	1983年	江门市	恩平市	沙湖水口村	清代	江门市级	一般
64	琴溪古桥	1989年	江门市	台山市	北陡镇	清代	江门市级	完整
65	见龙桥	1995年	江门市	新会区	双水镇富美村	清代	江门市级	完整
66	济川桥	2003年	江门市	蓬江区	棠下镇中心村陈田围	清康熙	江门市级	一般

续表

序号	桥梁名称	批次或公布年月	所属地级市	所属县（区）	坐落详细位置	年代	保护级别	保存状况
67	跨龙桥	2004年4月	江门市	江海区	礼乐街跨龙村南胜里	清代	江门市级	完整
68	南溪桥	2004年4月	江门市	江海区	礼乐街新街街头	清代	江门市级	完整
69	中正桥	2004年4月	江门市	江海区	礼乐镇威西村迎龙里	清代	江门市级	完整
70	合山桥	1983年	江门市	开平市	百合镇合山东侧	1934年	江门市级	一般

（本表根据广东珠三角地区九市《文物志》，并参考"中国世界遗产网""广东文化网"整理汇编）

据表3-2所示，广东珠三角地区九市历史桥梁市级以上文物保护单位共70座，广州12座（其中明代1座、清代11座），佛山20座（其中宋代3座、明代7座、清代9座、近代1座），肇庆5座（其中明代1座、清代4座），深圳1座（清代），东莞5座（其中明代4座、清代1座），惠州7座（其中宋代1座、明代2座、清代4座），珠海5座（其中明代2座、清代2座、民国1座），中山5座（明代2座、清代3座），江门10座（其中清代9座、近代1座）。据笔者实地考察皆为原始建筑物。

第二节　分　区

一、广东省现存历史桥梁区镇分布表

广东省现存历史桥梁区镇分布表，见表3-3。

表3-3　广东省现存历史桥梁区镇分布表

现属行政区域		当地方言	合计/座	数量/座	历史古桥类型		备注
					石拱桥/座	石梁桥/座	
广州市	花都区	广州话	13	1	1	0	
	增城区	广州话		3	1	2	
	荔湾区	广州话		3	1	2	
	白云区	广州话		1	0	1	
	海珠区	广州话		2	0	2	
	番禺区	广州话		3	3	0	
佛山市	南海区	广州话	20	7	4	3	
	顺德区	顺德话、广州话		12	10	2	
	三水区	广州话		1	1	0	

续表

现属行政区域		当地方言	合计/座	数量/座	历史古桥类型		备注
					石拱桥/座	石梁桥/座	
肇庆市	封开县	封川话	7	3	1	2	
	德庆县	广州话、封川话		1	0	1	
	四会市	广州话		2	1	1	
	怀集县	怀集话、广州话		1	0	1	
深圳市	宝安区	围头话、普通话	7	2	1	1	
	南山区	南头话、普通话		1	1	0	
	龙岗区	普通话		4	4	0	
东莞市	万江区	广客兼用	12	3	3	0	
	莞城区	广客兼用		7	4	3	
	石龙镇	广客兼用		1	0	1	
	中堂镇	广客兼用		1	1	0	
惠州市	博罗县	博罗话、客家话	15	10	4	6	
	惠东县	客家话		1	1	0	
	惠城区	惠州话		2	1	1	
	惠阳区	惠州话		1	1	0	
	龙门县	龙门话		1	0	1	
珠海市	香洲区	普通话、广州话	5	2	1	1	
	斗门区	普通话、广州话		3	0	3	
中山市	石岐街道	石岐话	3	1	1	0	
	小榄镇	小榄话		1	1	0	
	环城街道	石岐话、广州话		1	1	0	
江门市	恩平市	恩平话	53	3	1	2	
	鹤山市	沙坪话		3	1	2	
	台山市	台山话、客家话		1	1	0	
	新会区	新会话、沙田话		6	3	3	
	蓬江区	广客兼用		1	1	0	
	江海区	广客兼用		3	3	0	
	开平市	开平话		36	0	36	
云浮市	云城区	罗定话、广州话	5	2	2	0	
	罗定县	罗定话		2	2	0	
	郁南县	郁南话、客家话		1	0	1	

续表

现属行政区域		当地方言	合计/座	数量/座	历史古桥类型		备注
					石拱桥/座	石梁桥/座	
清远市	阳山县	阳山土话	24	6	5	1	
	连平县	客家话		8	8	0	
	清城区	广州话		4	3	1	
	英德县	英德话		4	4	0	
	连南县	瑶话、客家话		1	1	0	
	连州市	连州土话		1	1	0	
阳江市	江城区	粤语、涯话	5	3	2	1	
	阳春县	阳春话		2	2	0	
茂名市	茂南区	茂名话、客家话、黎话	12	1	0	1	
	高州市	高州话、客家话（涯话）、黎话		3	3	0	
	化州市	化州话（粤语）、客家话（涯话）		8	1	7	
湛江市	霞山区	雷州话	4	1	0	1	
	吴川市	吴阳话、梅菉话、兰石黎话等		1	1	0	
	廉江市	白话、涯话、黎话		1	0	1	
	雷州市	雷州话		1	0	1	
汕头市	潮阳区	潮汕话	10	5	0	5	
	澄海区	潮汕话		5	2	3	
揭阳市	揭西县	客家话（半山客）、潮汕话	9	2	0	2	
	惠来县	潮州话		5	0	5	
	普宁县	潮汕话		2	0	2	
潮州市	饶平县	潮汕话、客家话	6	1	0	1	
	潮安县	潮汕话		5	0	5	
汕尾市	海丰县	海丰话、客家话、占米话、军话等	3	3	0	3	
梅州市	梅江区	客家话	37	7	5	2	
	梅县	客家话		8	3	5	
	蕉岭县	客家话		11	9	2	
	丰顺县	客家话、潮州话		2	2	0	
	五华县	客家话		1	1	0	
	平远县	客家话		5	5	0	
	大埔县	客家话		3	0	3	

续表

现属行政区域		当地方言	合计/座	数量/座	历史古桥类型		备注
					石拱桥/座	石梁桥/座	
韶关市	南雄县	客家话	53	4	1	3	
	始兴县	客家话		1	1	0	
	翁源县	客家话		11	11	0	
	新丰县	客家话		3	2	1	
	乳源县	客家话		12	7	5	
	乐昌县	客家话		21	21	0	
	仁化县	客家话		1	0	1	

二、广东珠三角地区历史桥梁市级以上文物保护单位区镇分布表

广东珠三角地区九市历史桥梁市级以上文物保护单位区镇分布表，见表3-4。

表3-4 广东珠三角地区九市历史桥梁市级以上文物保护单位区镇分布表

现属行政区域		当地方言	合计/座	历史桥梁类型		备注
				石拱桥/座	石梁桥/座	
广州市	荔湾区	广州话	3	1	2	
	白云区	广州话	1	0	1	
	海珠区	广州话	2	0	2	
	番禺区	广州话	3	3	0	
佛山市	顺德区	广州话、顺德话	12	7	5	
	南海区	广州话	7	4	3	
	三水区	广州话	1	0	1	
肇庆市	封开县	封川话	3	1	2	
	德庆县	广州话、封川话	1	0	1	
	四会市	广州话	2	1	1	
深圳市	宝安区	围头话、普通话	1	1	0	
东莞市	万江区	广客兼用	3	3	0	
	石龙镇	广客兼用	1	0	1	
	中堂镇	广客兼用	1	1	0	
惠州市	博罗县	博罗话、客家话	4	2	2	
	惠东县	客家话	1	1	0	
	惠城区	惠州话	2	1	1	
珠海市	香洲区	普通话、广州话	2	1	1	
	斗门区	普通话、广州话	3	0	3	
中山市	石岐街道	石岐话	1	1	0	
	小榄镇	小榄话	1	1	0	

续表

现属行政区域		当地方言	合计/座	历史桥梁类型		备注
				石拱桥/座	石梁桥/座	
江门市	恩平市	恩平话	2	1	1	
	鹤山市	沙坪话	1	1	0	
	台山市	台山话、客家话	1	1	0	
	新会区	新会话、沙田话	1	0	1	
	蓬江区	广客兼用	1	1	0	
	江海区	广客兼用	3	3	0	
	开平市	开平话	1	0	1	

　　历史桥梁的数量与所在地区的河网体系有着相当密切的关系。据表3-4所示,佛山市顺德区因其河网众多,十多条水道流贯全境,把顺德自北向南切割成几大块小平原,平原间是连通各大水道、密如蜘蛛网的小河涌,因此历史桥梁呈现一枝独秀的景象。除个别城市(如深圳、珠海)因城镇大开发建设使得历史桥梁几乎荡然无存外,其余各市地区历史桥梁基本平均分布。

　　从历史桥梁的形制上看,广东现存历史桥梁中,石拱桥约占65%,石、木梁桥约占35%。珠江三角洲地区现存历史桥梁形制分布大致均衡。

本章小结

　　由于条件有限,笔者仅实地调查了广东珠三角地区九个城市中的63处历史桥梁,未对广东省境内所有的历史桥梁的遗存状况进行真正意义上的严格普查,尚有大部分未列入文物保护单位的历史古桥和部分未被发现的历史古桥,能够取得的标本量太少,未能排列出严格意义上的年代序列,仍然局限在一个相对较小的地域范围内,所以此处进行的分期(建造年代)和分区(区域类型)都只能是初步和局部的。如果能够获得比较全面的调查样本,就有可能编制出更为完整的年代序列。

第四章　历史桥梁的分类

对于一个复杂的系统,分类一定是多层次的,从基本分类到中间分类,再到末梢分类。对于历史建筑的分类,无论是历史学还是考古学,所采取的方法应该是综合性的,其分类结果要有一个明确的指向或目的,类似考古学上的"器物组合",在古建筑学上应该称为"特征组合"。详细的分类标准有六大要素:整体形制、人文背景、建筑材料、时空位置、装饰风格、施工方法(做法)。在对历史建筑进行分类的六大要素中,整体形制是最重要、最基本的要素,只有形制的区别能够分出不同的地域风格和不同的时代特征。历史桥梁的整体形制分类大致可分为五类:一是梁桥,又称平桥,有木梁桥、伸臂梁桥、廊桥等;二是拱桥,有砖拱桥、石拱桥、竹拱桥、木拱桥等;三是索桥,又称吊桥、悬索桥,有竹索桥、藤索桥、铁索桥、溜索桥等;四是浮桥,又称舟桥;五是其他桥,包括矴步、栈道桥、飞阁桥、渠道桥、仟道桥、曲桥等。

从广东珠三角地区现存历史桥梁的形制来看,主要有两大类:一是石梁桥,二是石拱桥。建造年代为后汉至清代,其中石拱桥约占65%,石、木梁桥约占35%。石梁桥和石拱桥比木质桥梁更具有抗雨、抗风及耐腐蚀的能力。在设计上,因地制宜,随地形而设计,有直线、折线、弧线等形式,桥头坡有阶梯式、斜坡式或平梁式。为便利车马通行,桥面设计一般比较平缓,个别历史桥梁还遗存着中国古代中原地区现已绝迹的结构形式。有些单孔石拱桥相对较长,如博罗通济桥,长27.5米,跨径17.8米。有些在桥头、桥尾或桥中设有桥屋,如广州石井桥、封开泰新桥等。廊桥主要分布在粤北山区,营造桥屋的目的是方便行人遮挡风雨,同时保护桥体和加强桥墩抵挡洪水的能力,以起到保护和加固桥墩的作用。

第一节　广东珠三角地区文物保护单位石梁桥

有史料记载以来,早期的桥梁多半是梁桥。《诗经·大雅》云:"维鹈在梁,不濡其翼。"周人称梁不称桥,《说文解字》段注:"见于经传者,言梁不言桥也。"梁桥又称平桥、跨空梁桥,是以桥柱或桥墩做水平距离承托,然后架梁并平铺桥面的桥。广东珠三角地区现存历史梁桥多为简支石梁桥。石梁桥有以下文物保护单位。

一、广州市

1. *广州石井桥*

石井桥(图4-1)位于广州市白云区石井镇石潭路,东西走向横跨石井河上,建于清道光十一年(1831年),全桥长68米,宽3.8米,有6个桥墩,原为七孔石梁桥,因扩建石潭路,收缩河面,封堵两孔,现为五孔石梁桥。桥两旁有石栏,两端原各建有一亭,因扩建马路,西亭现已拆毁,东亭仍在。亭为歇山顶,绿琉璃瓦脊(图4-2)。桥西头有"道光岁次辛卯"纪年石刻(图4-3)。石井桥是近代史上帝国主义侵略中国的历史见证。清咸丰六年(1856年)9月,英国以"亚罗号事件"为借口,于23日派出军舰炮轰广州城,挑起第二次鸦片战争。第二年正月,法国与英国组成侵略联军,于12月炮轰广州。广州人民组织了团练武装抗击侵略者。现桥面栏板上还留有当时炮击的弹洞。石井桥是第二次鸦片战争的遗迹(图4-4)。

图4-1　石井桥

图4-2　石井桥东桥亭

图4-3　石井桥纪年石刻

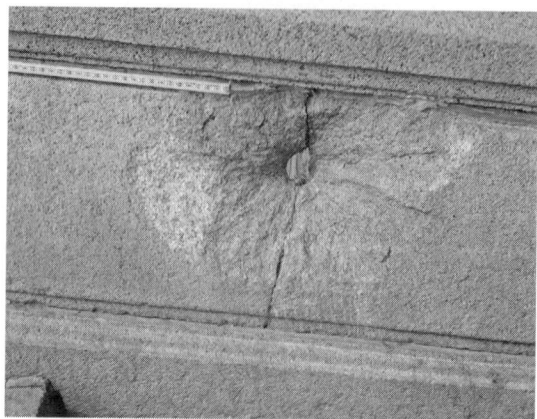

图4-4　石井桥栏板上的弹洞

2002年7月,石井桥被公布为广东省重点文物保护单位。

2.广州云桂桥

云桂桥(图4-5、图4-6)坐落于海珠区前进路晓港公园内,横跨在小港涌之上,以花岗岩石砌成,青砖条石简支结构,为三孔石梁桥。桥宽3.38米,桥面分3段,全长32.2米,共38级台阶。桥两旁有高0.86米的石栏,两边各有8个造型美观的石柱。桥顶两侧中央各刻有"云桂"两个楷书繁体字。桥墩4个,其中有2个砌在河中,底部呈船形,以利潮水泄流。云桂桥设计实用,造型典雅、壮观,是广州市现存最古老、最完整的石桥之一(图4-7—图4-10)。

1993年8月,云桂桥被公布为广州市文物保护单位。

图4-5　云桂桥

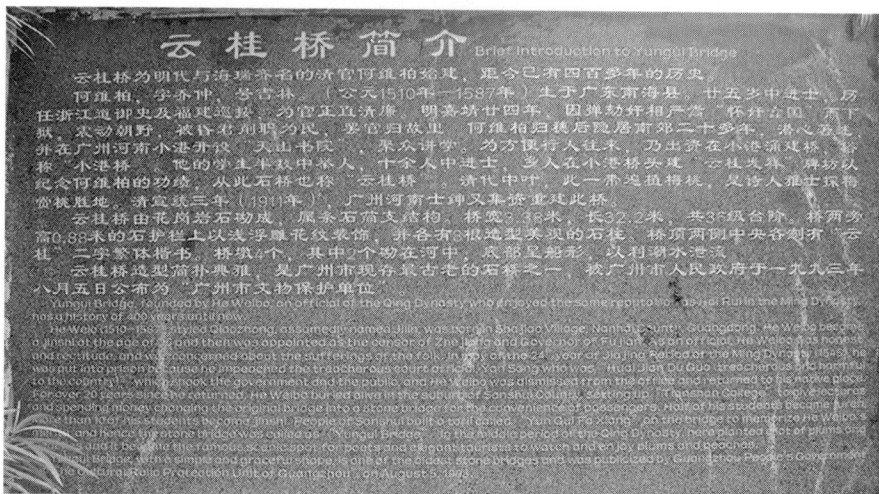

图4-6　云桂桥简介

广州云桂桥总平面实测图 1 : 150

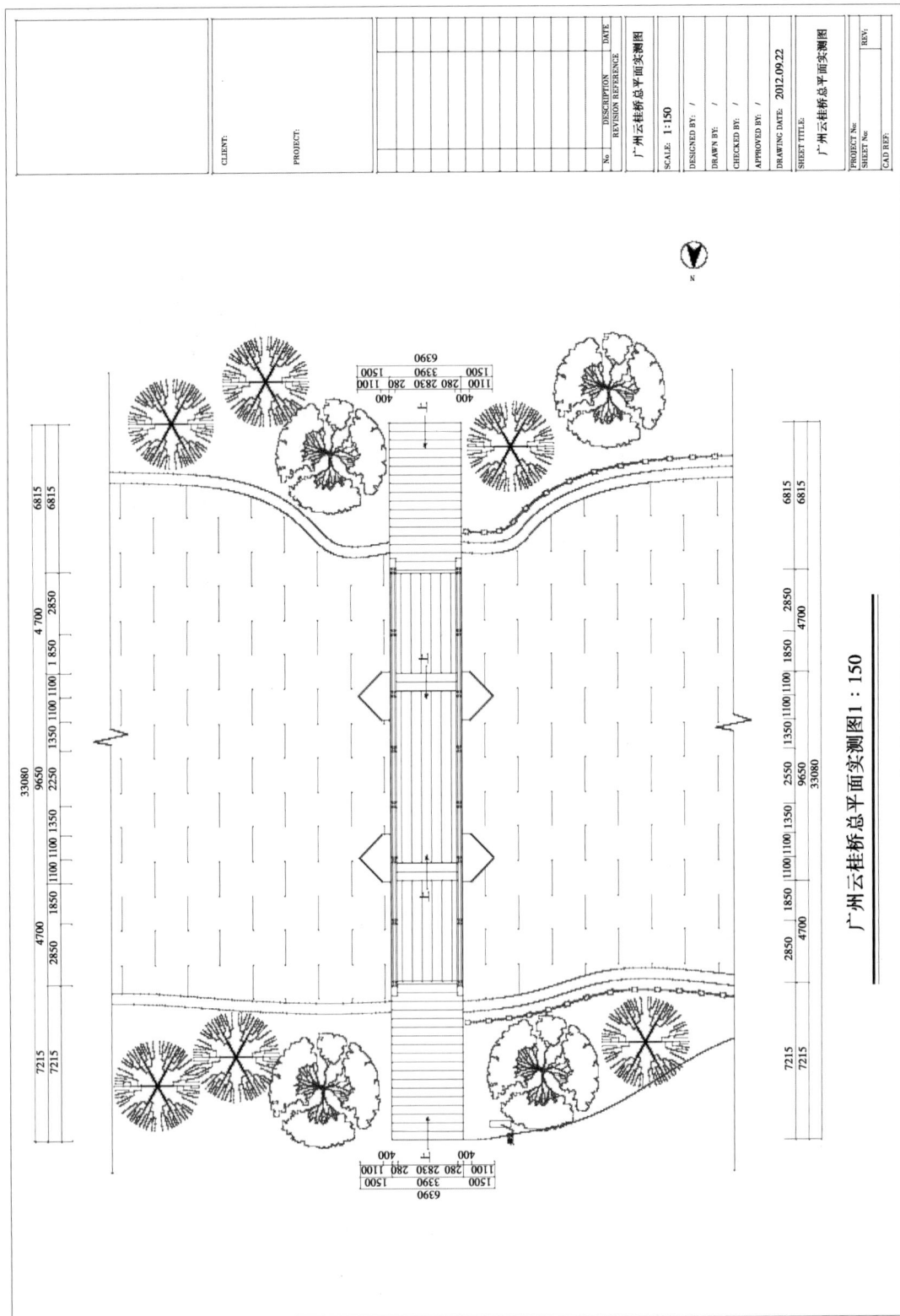

图4-7　广州云桂桥总平面实测图

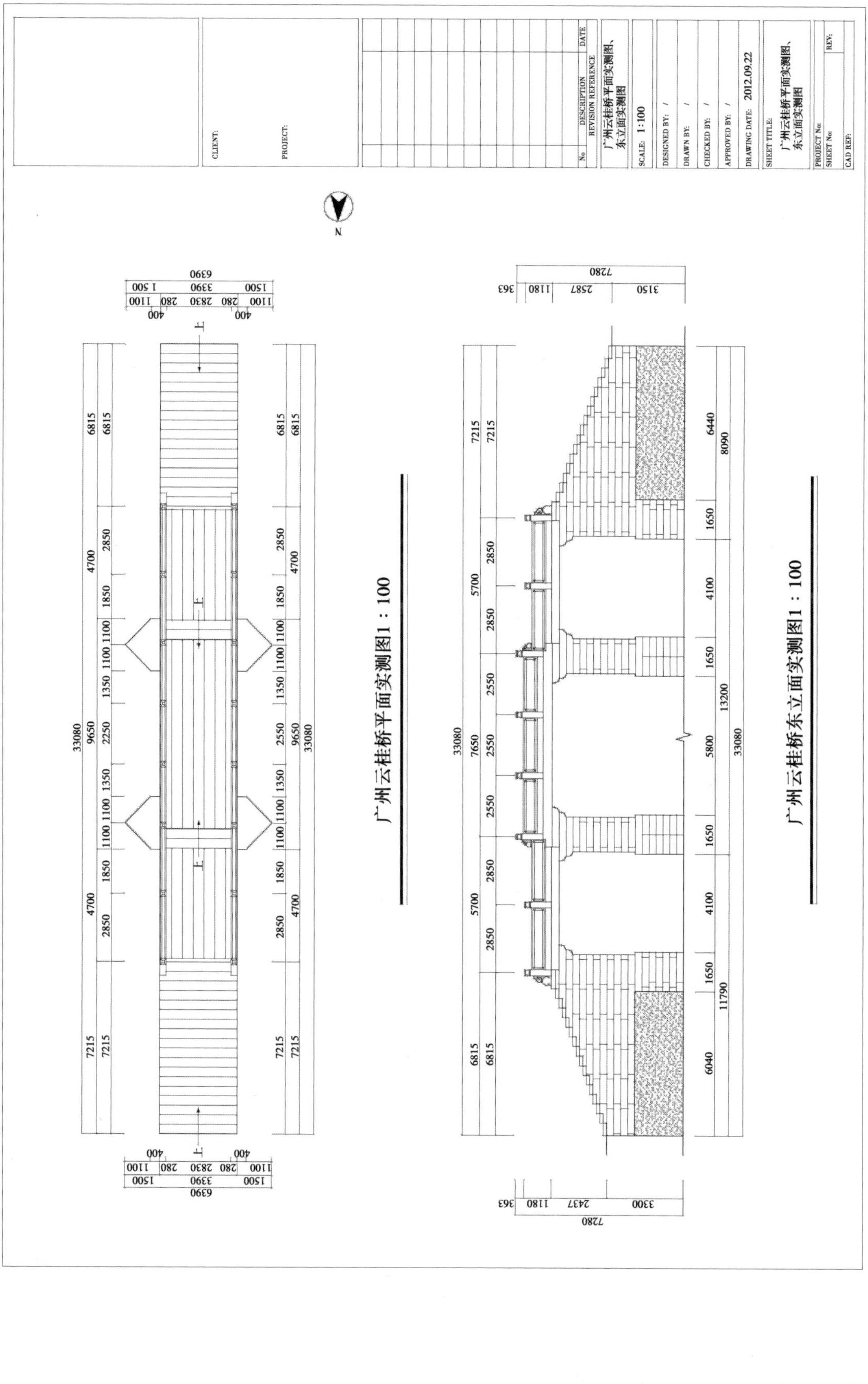

广州云桂桥平面实测图1：100

广州云桂桥东立面实测图1：100

图4-8 广州云桂桥平面及东立面实测图

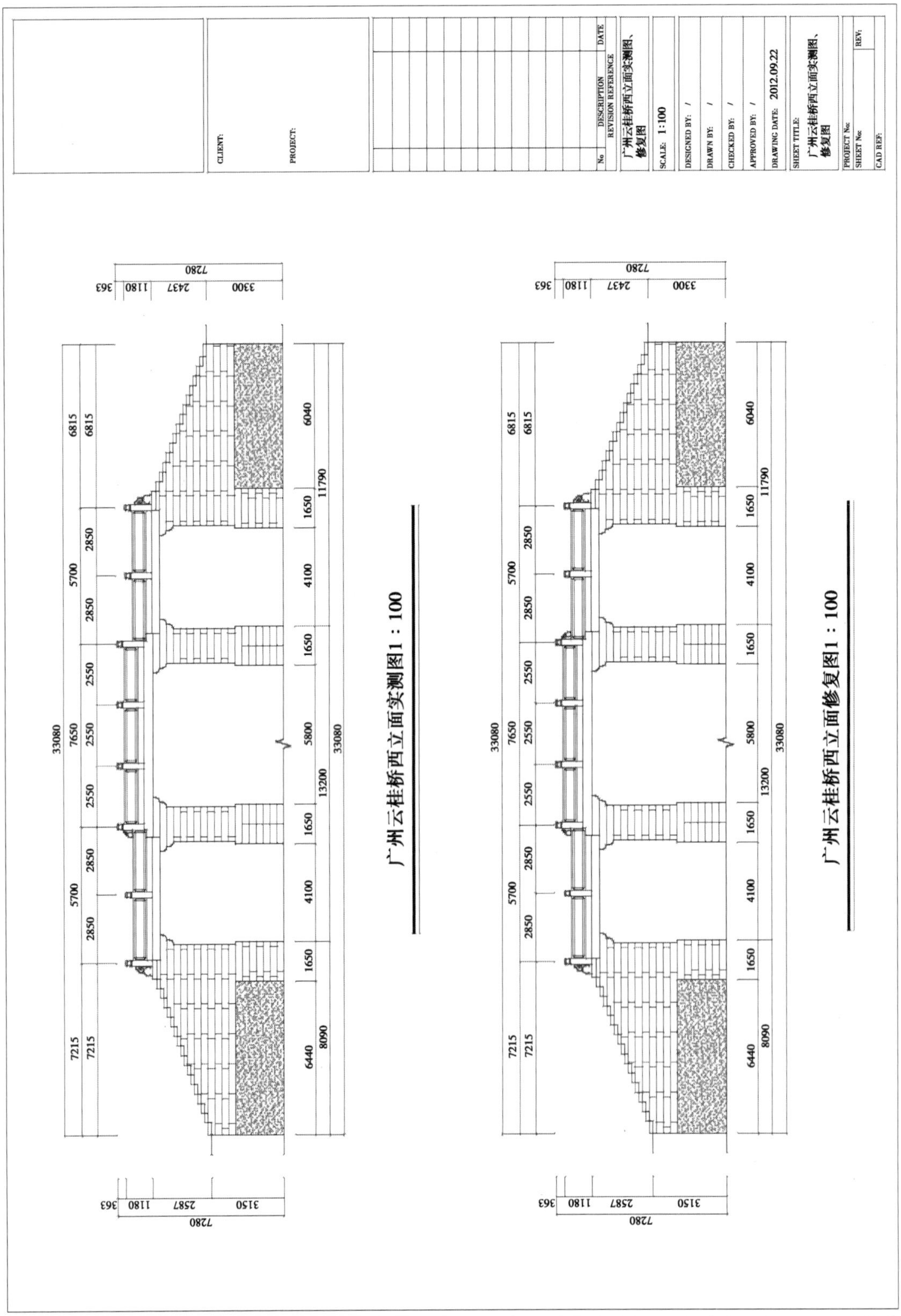

广州云桂桥西立面实测图1：100

广州云桂桥西立面修复图1：100

图4-9　广州云桂桥西立面实测图及修复图

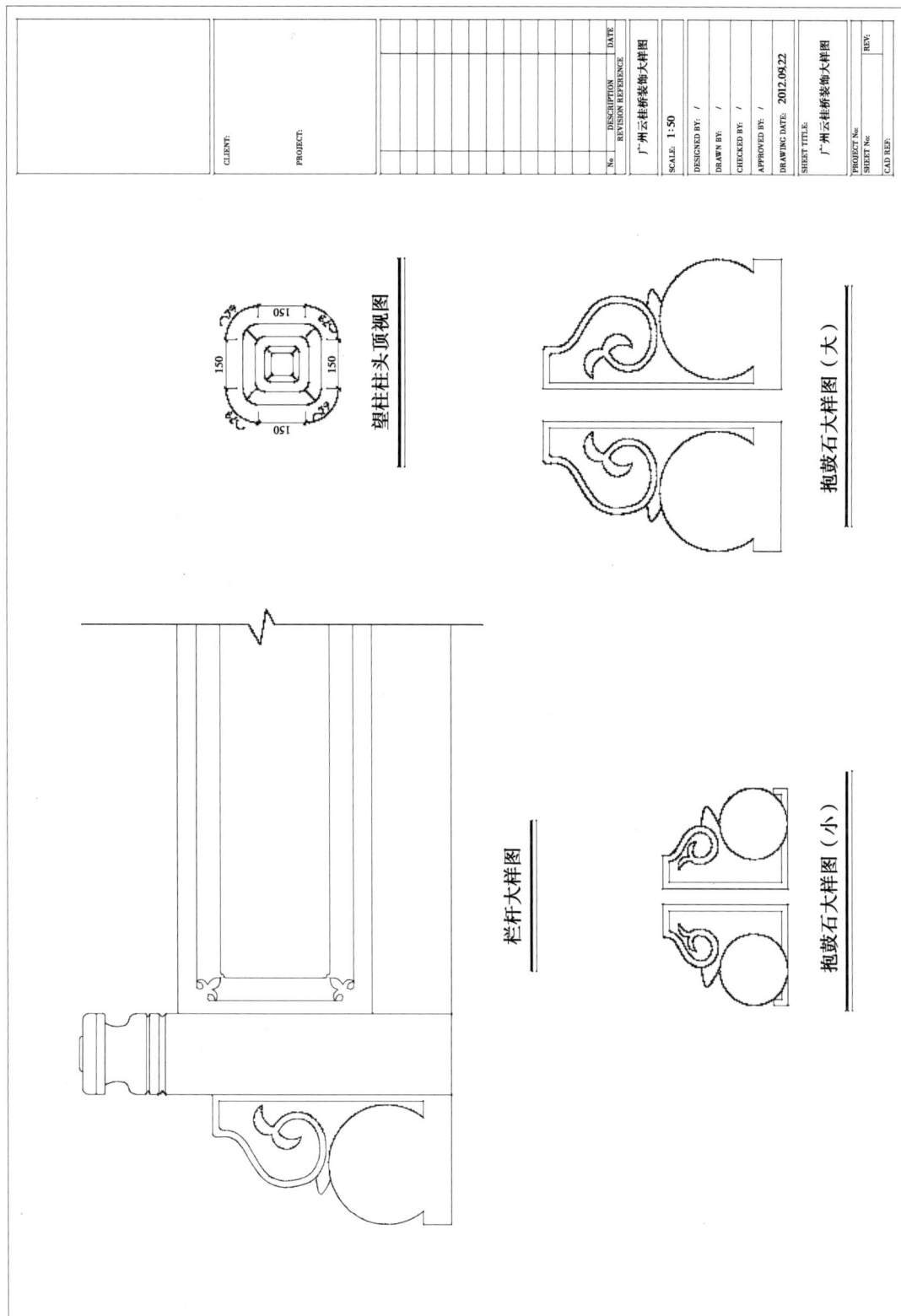

图4-10 广州云桂桥装饰大样图

3.广州毓灵桥

毓灵桥(图 4-11)位于芳村大冲口杏花大街,北接芳村古道,连广州、佛山,南接石道,经西朗赤岗可达南海平洲,是芳村的主要交通通道。毓灵桥因地属钟秀乡,取"钟灵毓秀"之意。该桥建于清代中叶,为花岗岩石砌筑的三孔石梁桥,桥长 25 米、宽 2.04 米。分三段,中段长 7.6 米,砌 2 米见方的石桥墩承托石梁,桥墩下端砌分水尖。桥面两侧砌高 0.72 米的石栏板和 0.9 米的石望柱,风格简朴(图 4-12—图 4-15)。相传过去凡中举人、进士的士子衣锦还乡,都会乘船途经这里,乡人龙船竞渡也以此为终点。1990 年广州市政府拨款对毓灵桥进行了重修。

图 4-11　毓灵桥

1993 年,毓灵桥被公布为广州市文物保护单位。

4.广州汇津桥

汇津桥又名马涌桥(图 4-16),位于今广州海珠区,横跨马涌河,北连马涌直街,南接西华北直街,历来是沟通北岸的宝岗、龙田、同南岸的沙园、瑶头之间的通衢要道,是一座三孔石梁桥。清同治《番禺县志》卷十八称:桥在"瑶溪海口",过去珠江涨潮时,潮水分别东由鸭墩关、西由凤凰岗口入马涌,到合汉津两潮汇合,由此把架在涌上的石桥称为"汇津桥",正是"鸭墩凤岗潮,东西流自合,怪底名汇津,桥跨双虹夹。"该桥为清代花岗岩梁式桥,宣统二年(1910 年)重修。桥有 3 孔,全长 28.25 米、宽 3.1 米(铺以 7 条宽 0.44 米的石板),两边金刚墙间河口宽 14 米。桥边有石护栏,栏高 0.6 米,两边各有 8 个石柱,柱高 0.7 米,柱顶呈鼓形,长宽分别是 0.22 米和 0.2 米,中间桥墩护栏两边桥墩饰有垂带(抱鼓),雕有美观的云状花纹图案。上下桥级阶的中间,今用水泥铺斜坡,以便自行车通过。两边桥顶石板的中央刻有"汇津"两个楷书大字。水中两桥墩两则均砌有分水尖,破水分流,保护桥墩。退潮时中孔金门净高 3.5 米。桥身铺石分 3 段,每段直铺 7 块石。桥南侧有宣统二年岁次庚戌孟夏吉旦所立的《续重修汇津石路碑》(图 4-17),载刻各善信捐金名,旁有"桥神碑"(图 4-18)。现桥

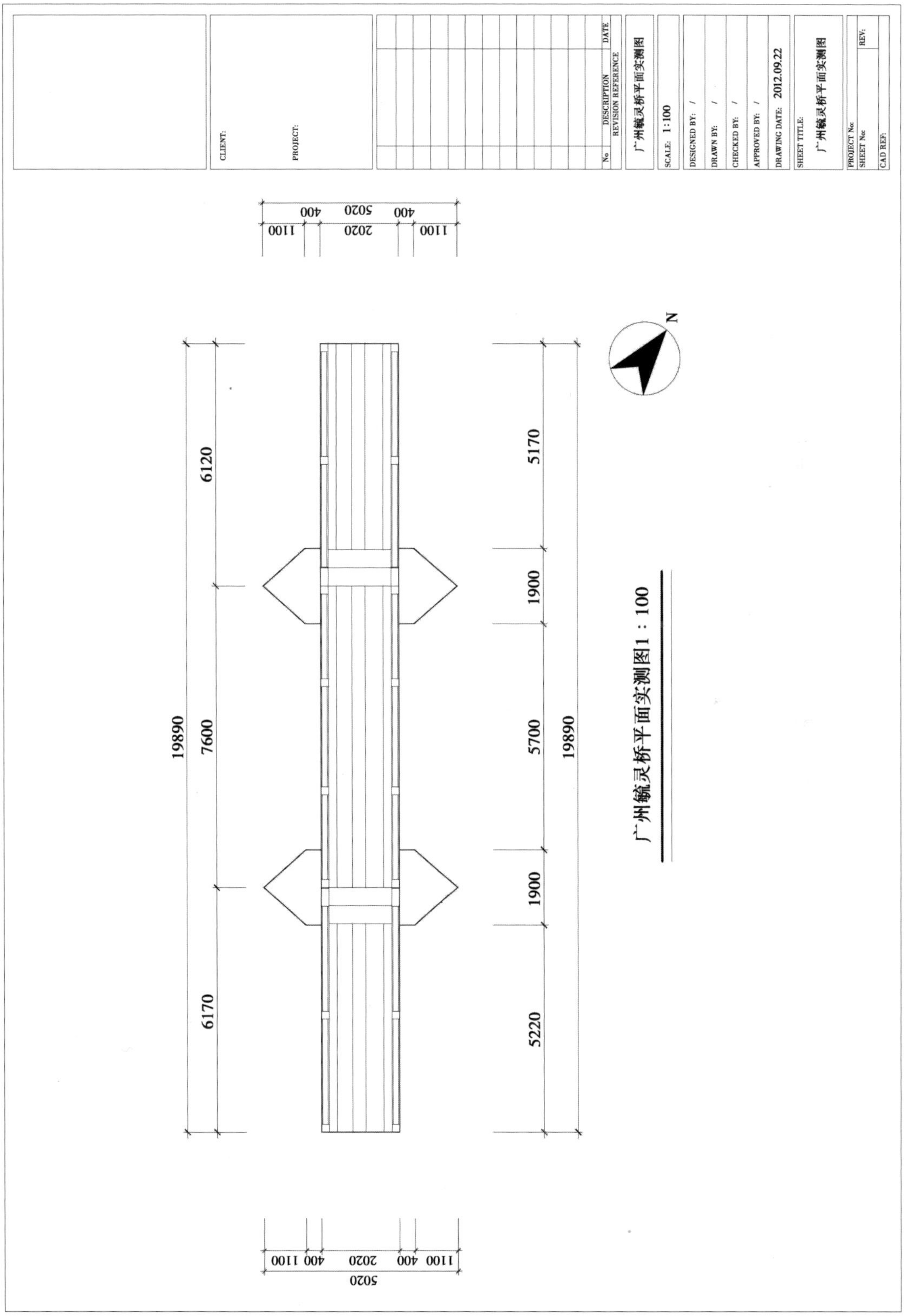

广州毓灵桥平面实测图1 : 100

图4-12 广州毓灵桥平面实测图

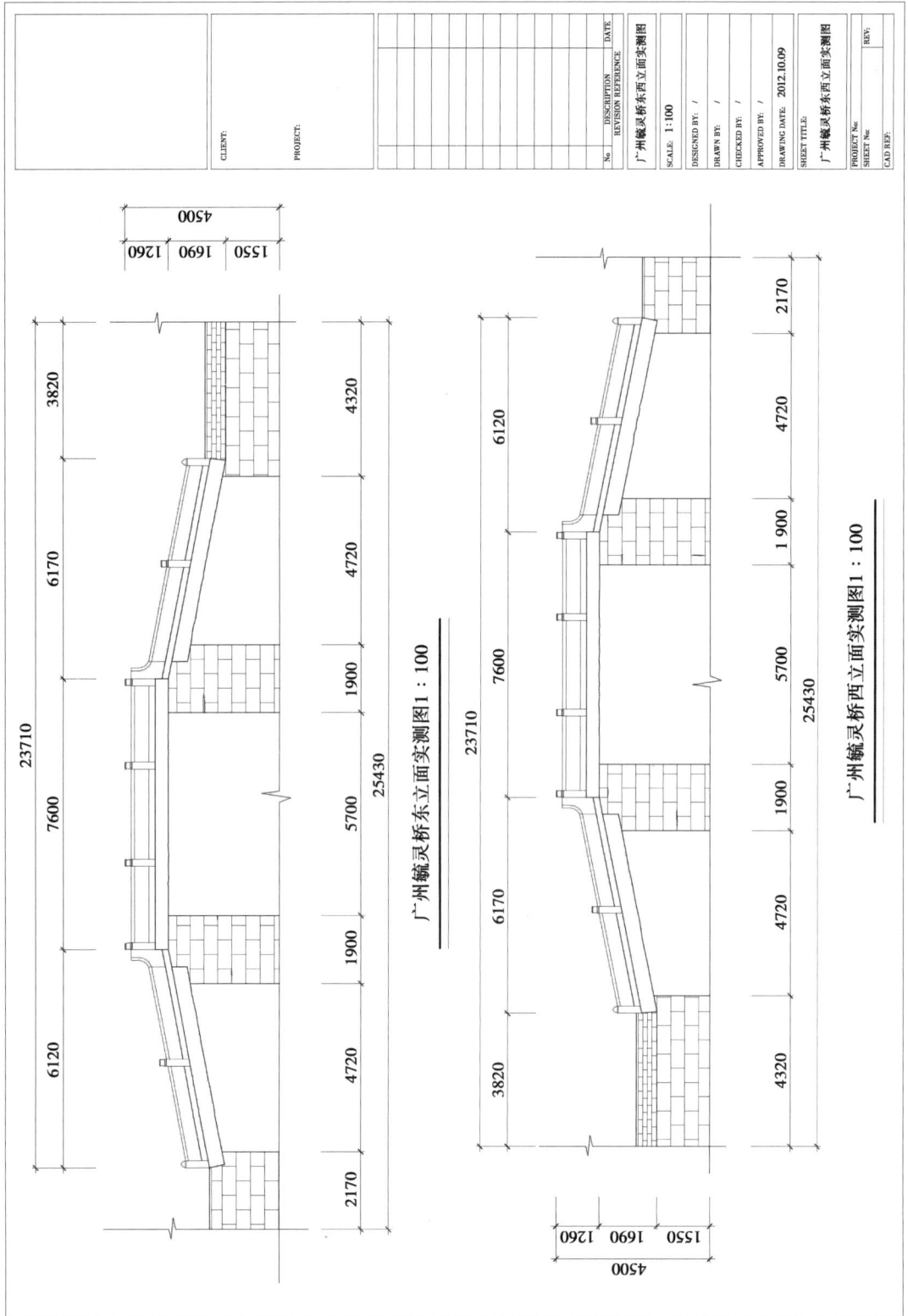

广州毓灵桥东立面实测图 1：100

广州毓灵桥西立面实测图 1：100

图4-13　广州毓灵桥东西立面实测图

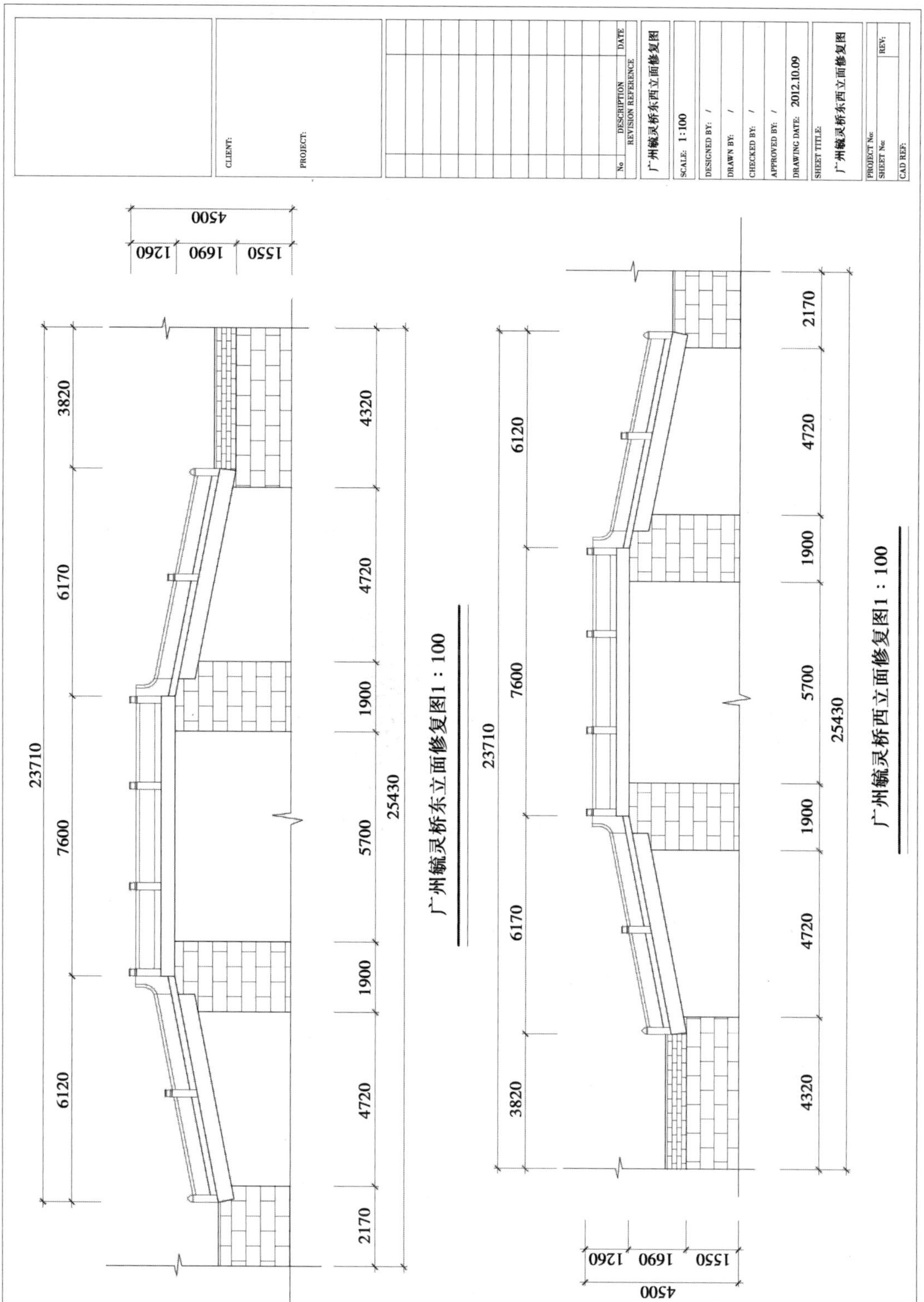

广州毓灵桥东立面修复图1：100

广州毓灵桥西立面修复图1：100

图4-14　广州毓灵桥东西立面修复图

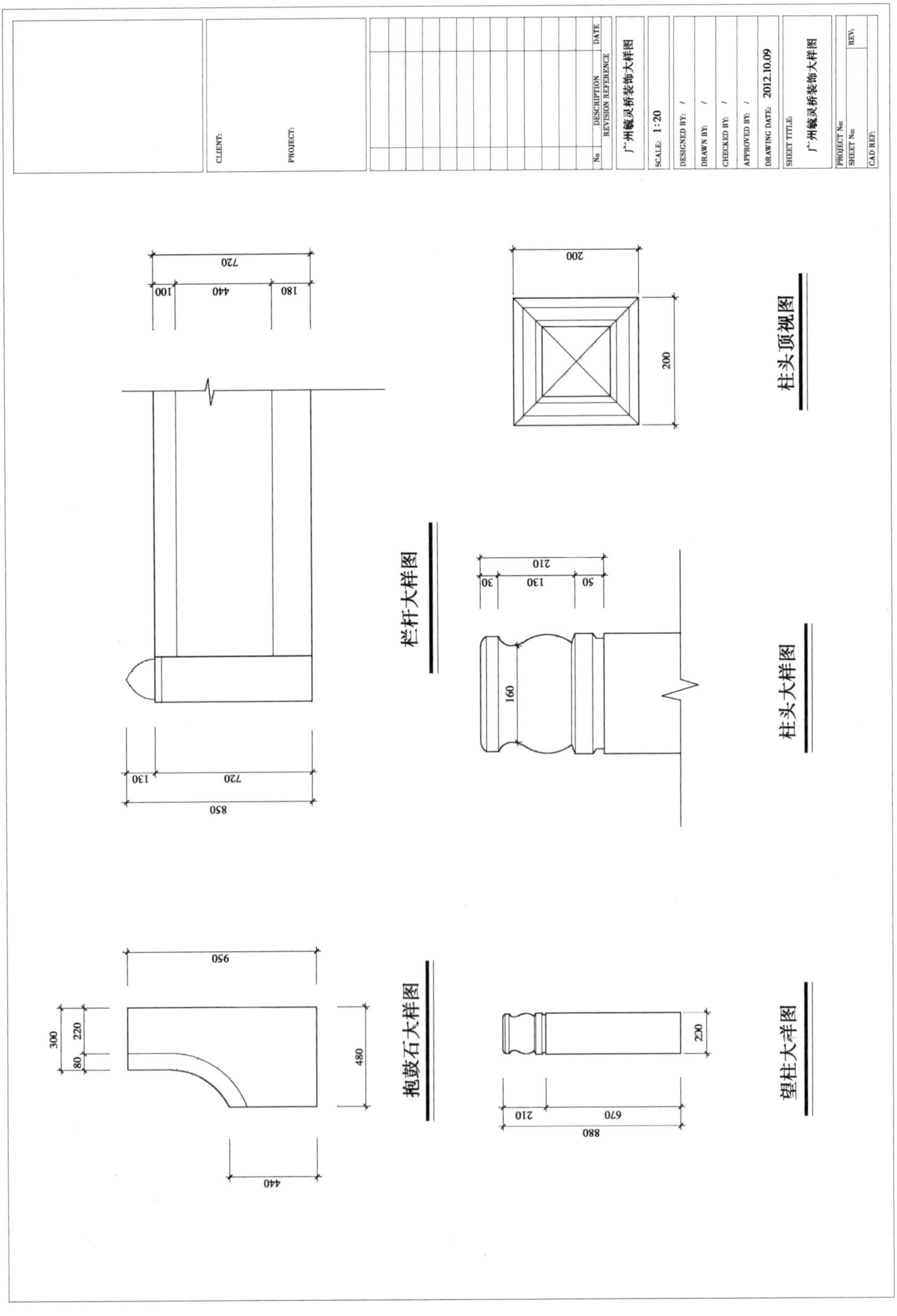

图4-15　广州毓灵桥装饰大样图

旁还存有光绪二十九年(1903年)刻的《禁占官涌碑记》,申明保护官涌(即马涌)不得侵占事项(图4-19—图4-23)。

图 4-16　汇津桥

图 4-17　续重修汇津石路碑

图 4-18　汇津桥桥神碑

2002年9月,汇津桥被公布为广州市级文物保护单位。

5.广州利济桥

利济桥(图4-24)东距江南大道中马路桥百余米,北距江南西路约53米,近邻有海珠文化中心大楼、海洋石油大厦等高层建筑,处在海珠区的闹市中。该桥由花岗石建成,是三孔石梁桥。桥长22.64米,宽2.83米(由7条石板所嵌),水中竖两桥墩,底部砌成船形。桥顶中

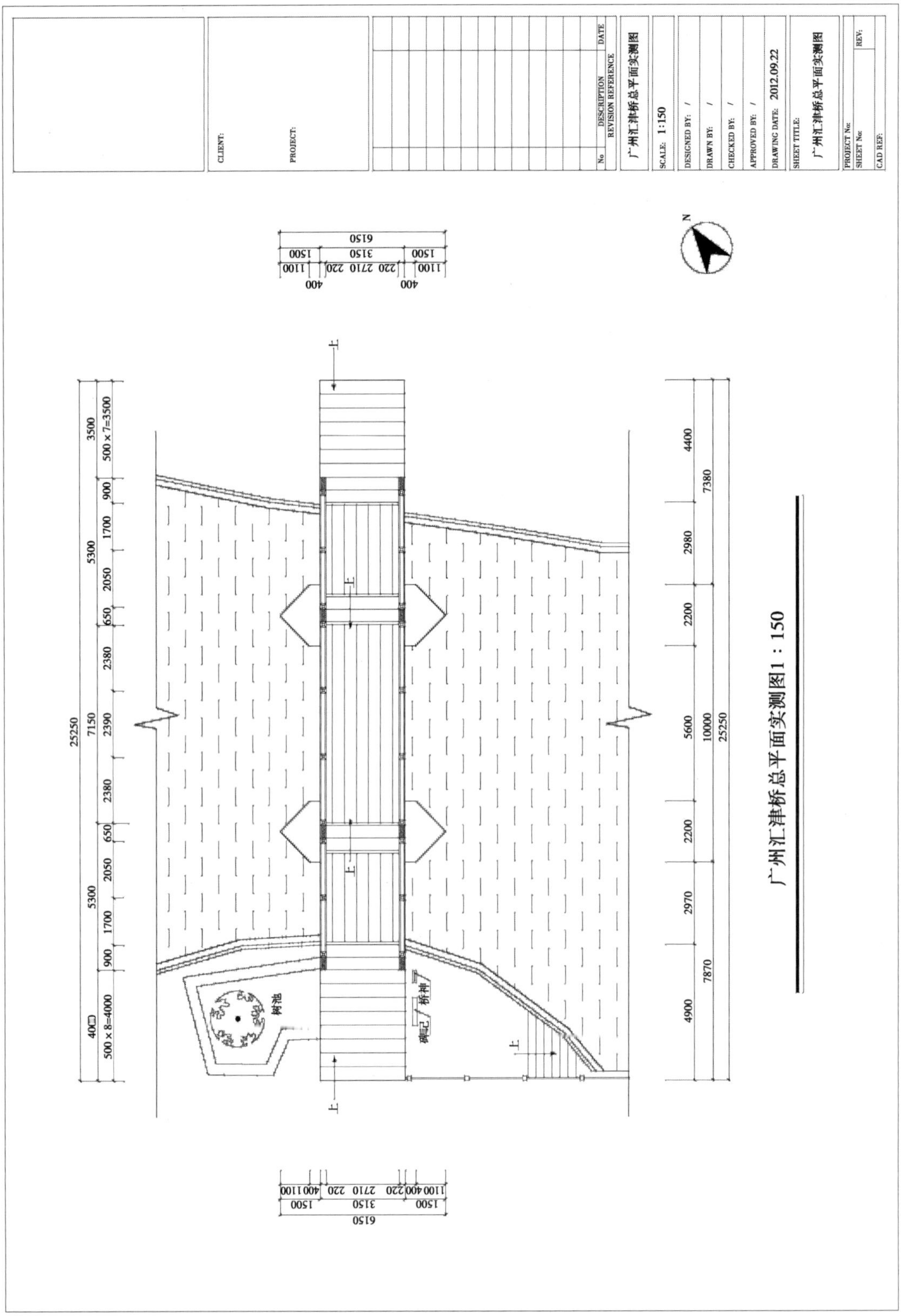

图4-19　广州汇津桥总平面实测图

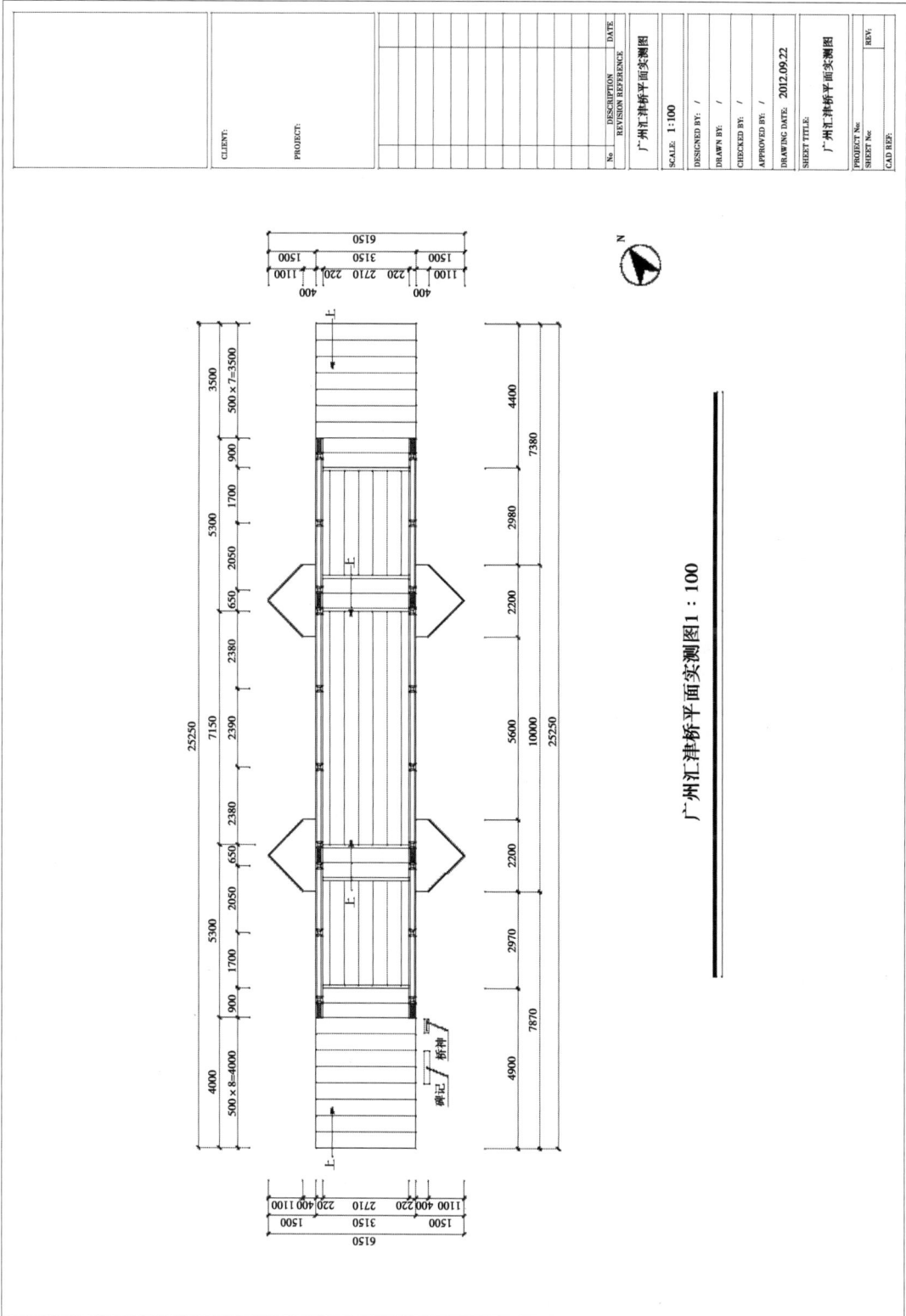

广州汇津桥平面实测图1：100

图4-20　广州汇津桥平面实测图

广州汇津桥东立面实测图1 : 100

广州汇津桥西立面实测图1 : 100

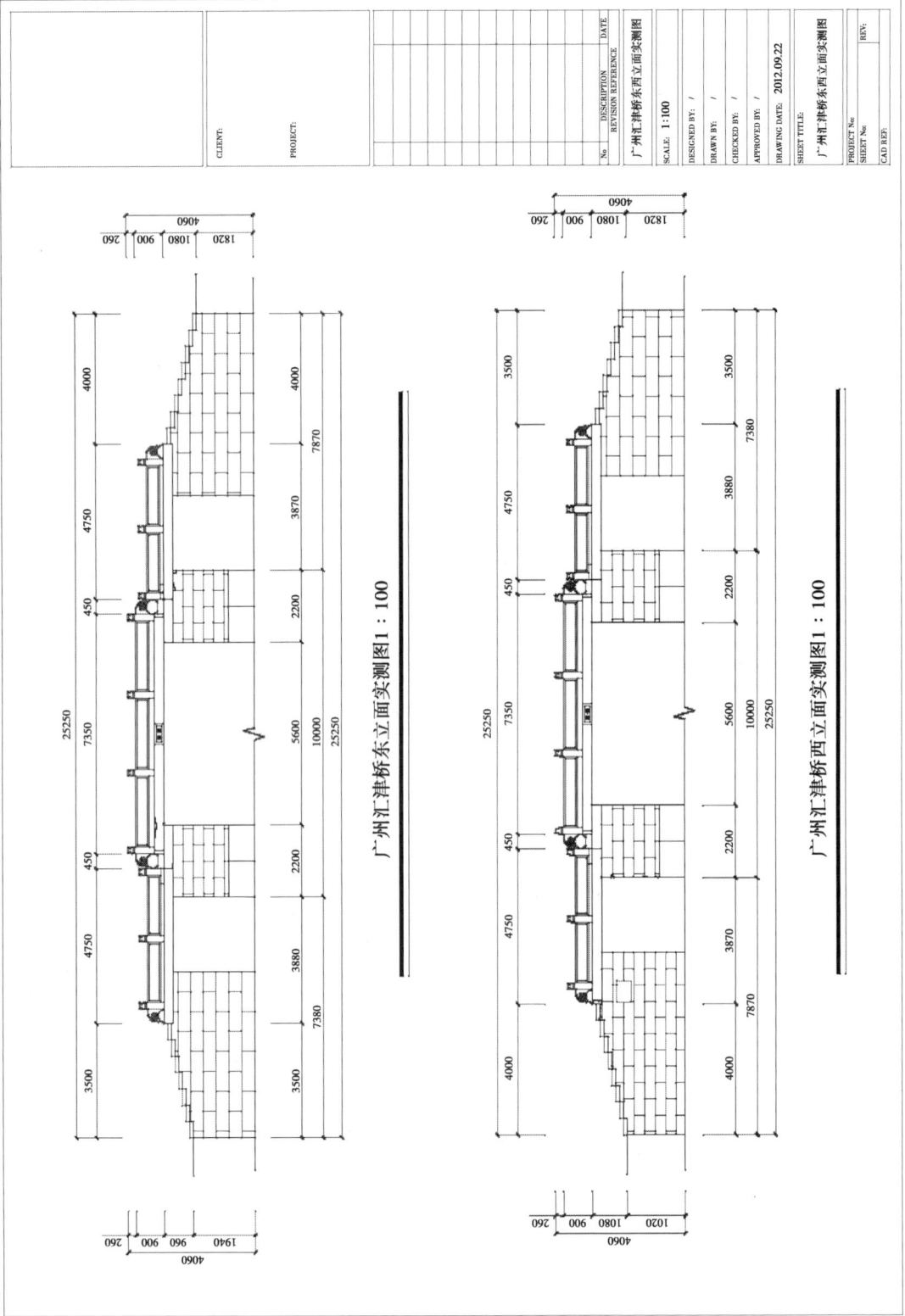

图4-21　广州汇津桥东西立面实测图

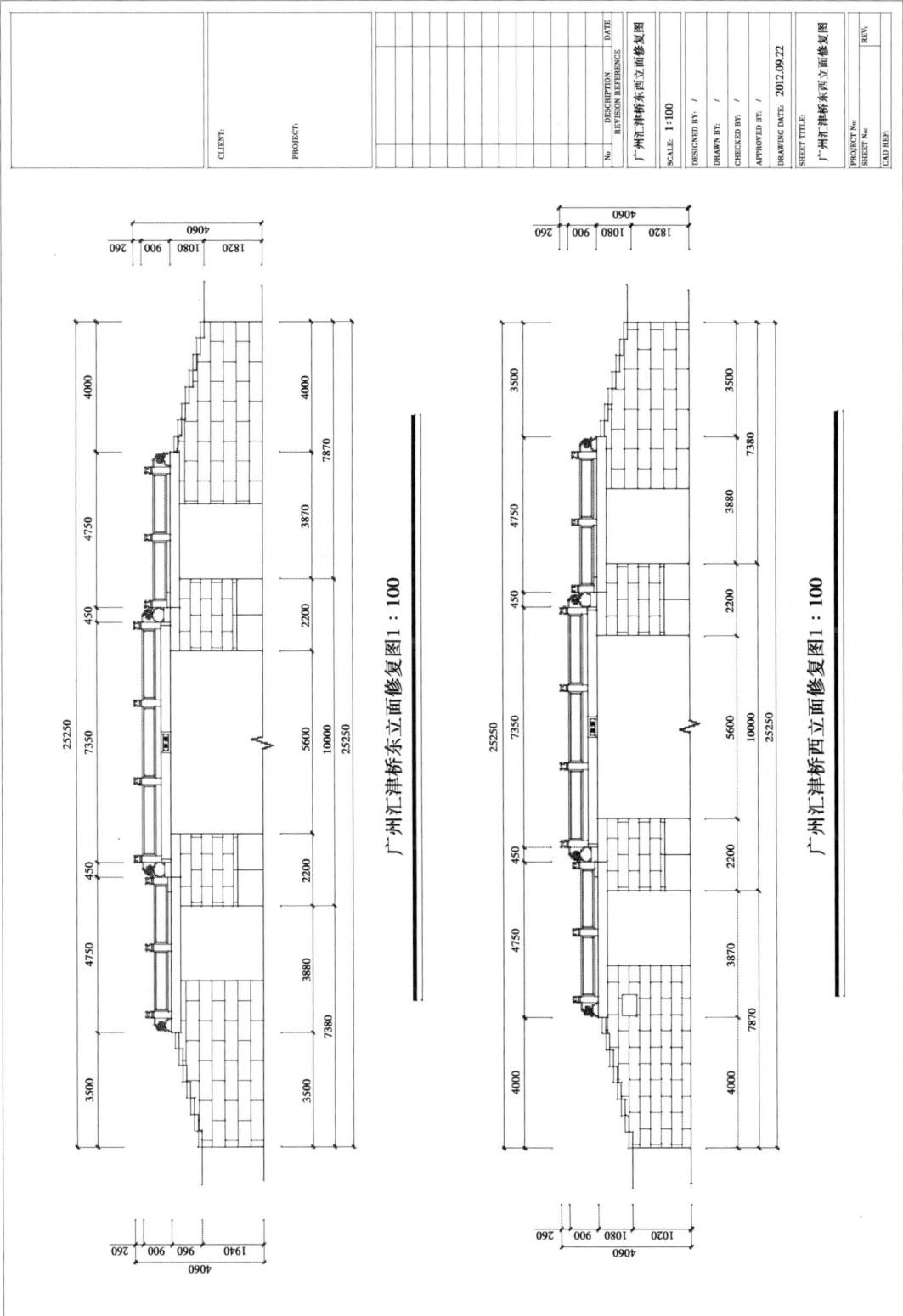

广州汇津桥东立面修复图1:100

广州汇津桥西立面修复图1:100

图4-22 广州汇津桥东西立面修复图

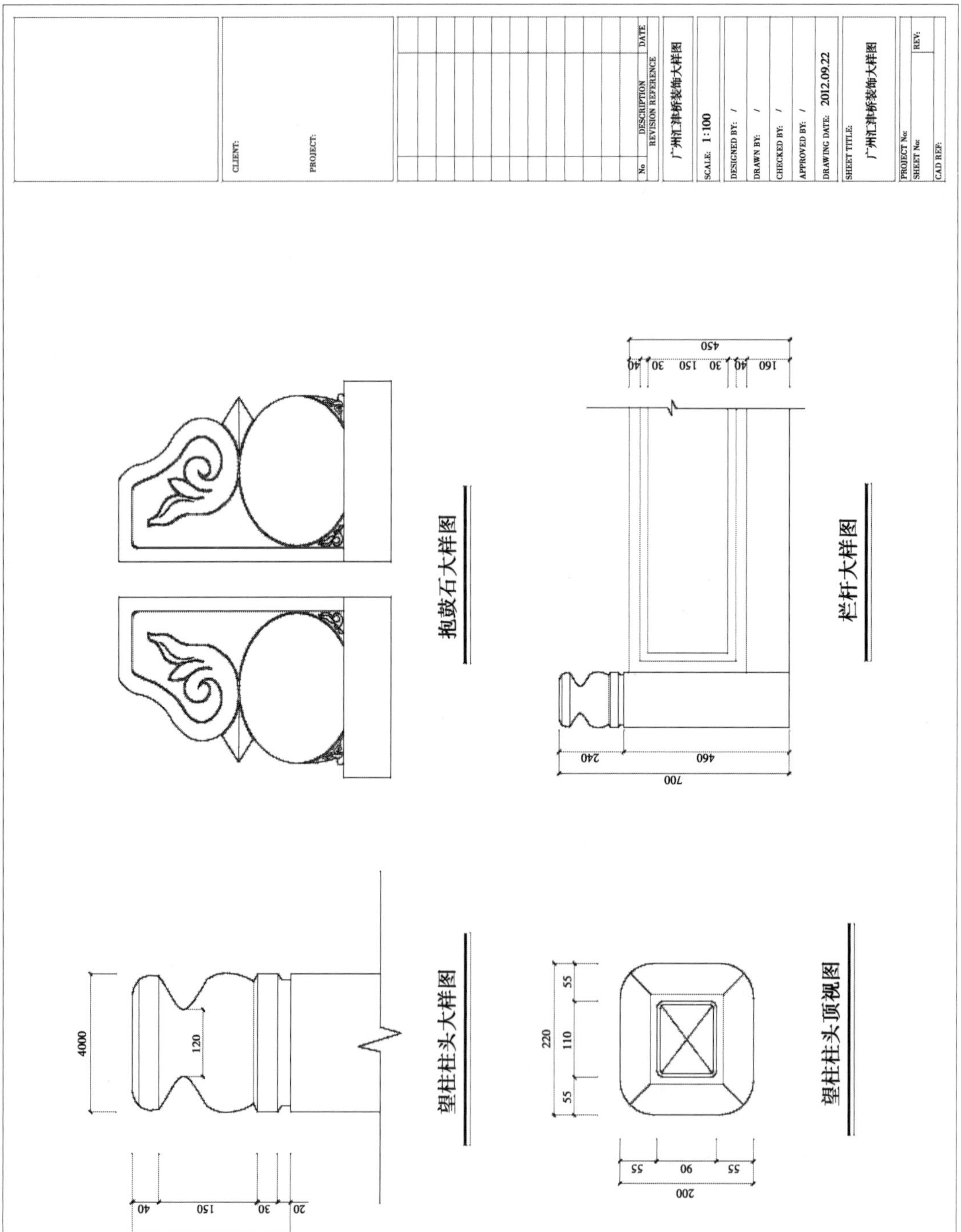

抱鼓石大样图

栏杆大样图

望柱柱头大样图

望柱柱头顶视图

图4-23 广州汇津桥装饰大样图

央两侧各雕楷体"利济"两字。原来的桥栏被侵华日军所毁,至 20 世纪 70、80 年代开辟江南西路时,才修复桥护栏。栏高 0.63 米,砌有 14 条栏柱,柱顶刻成竖哑铃状。

2008 年 12 月,利济桥被公布为广州市级文物保护单位。

图 4-24 利济桥

6.增城复昌桥

复昌桥(图 4-25)位于增城区新塘镇东江河岸的石下村,复昌桥的所在是石下村门前的官湖河故道,当年村民凭这道桥出入非常方便,解放后官湖河改道,桥也就废弃不用了。由于桥造得坚实,虽经百年风雨仍保存得相当完好。据《增城县志》记载,复昌桥位于新塘石下村,建于清光绪九年(1883 年),是一座墩,一拱孔,两头平梁式的花岗岩石桥。复昌桥长 24 米,宽 2.8 米,桥两旁镶嵌石栏板,左右各 23 块,上雕刻有龙凤图案,栩栩如生,很有艺术价值,是增城县内保存比较完好的清代石桥建筑。

图 4-25 复昌桥

二、佛山市

1.顺德龙江贞女桥

贞女桥俗称"老女桥"(图4-26),位于顺德区龙江镇世埠居委会长路村,建于南宋嘉定八年(1215年),为贞女吴妙静捐建。贞女桥为青石构筑,原为五眼石梁桥,现残存一孔,有青石四条,每条长7.9米,宽0.63米,厚0.55米。明嘉靖二十八年(1549年),在桥上建"贞女遗芳"两柱一间冲天式小型石牌坊,牌坊题字为明工部尚书湛若水所书。明代湛若水所撰墓志记载:"贞女吴妙静,宋高宗朝助教吴南金遗女。南金无后,女许嫁新会李氏子。及婚,所许子由陆来,渡龙江溺死。女誓不再适,以嫁资为石桥,五眼,石长二丈二尺,建于李溺死处,故后亦称老女桥。自宋宁宗嘉定四年至八年建成。"又有《龙江乡志》(图4-27)记载:"桥长十一丈,阔一丈,桥石每块长二丈二尺,方二尺。贞女之先祖,原福建人,桥石皆来自福建。"

图4-26　贞女桥

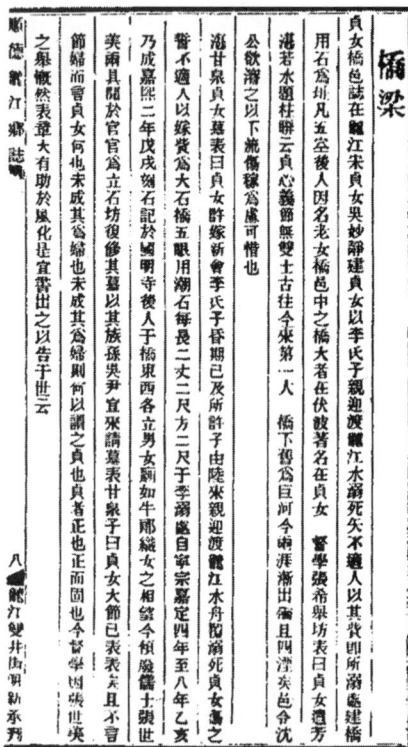

图4-27　《龙江乡志》关于贞女桥的记载

1998年,贞女桥被公布为顺德市(今顺德区)文物保护单位。2002年,贞女桥被公布为广东省重点文物保护单位。

2.南海九江探花桥

探花桥(图4-28)位于南海区九江镇下西村委会翘南村新龙路探花公园旁,明万历四十七年(1619年)陈子壮中探花后,往九江下西翘南探望其外祖父朱让时所建,清代重修。20世纪90年代初,旅港乡贤潘新安先生又斥资修葺。探花桥为单孔石梁桥,桥面平铺花岗石板桥,长11.3米,宽1.85米,高2米,桥的两边设有望柱栏板,桥栏中间刻有"探花桥"三字。现该桥保存良好,并有潘新安先生附建的探花公园。

图 4-28　探花桥

3.南海里水大石桥

里水大石桥(图 4-29)位于南海区里水镇洲村村委会里横路东侧,始建于清代道光年间,与同年代修建的广州石井桥称为姐妹桥。里水大石桥为两墩三孔石梁桥,桥长 20 米,桥宽 1.8 米,从桥身到桥墩都是用上等麻石砌成,错落有致。桥面用五条并排的长约 7 米、宽高各 0.4 米的大条石拼接而成,桥面两边设有护栏。护栏的石柱上至今还可以依稀辨认出"道光戊申洲村乡建"的字样,记载了它始建于清道光二十八年(1848 年),横跨在洲村河面上距今已有 172 年的历史,在护栏的另一根石柱上刻有"西华黄生和店造石"的字样。

图 4-29　里水大石桥

1994年,里水大石桥被公布为南海市重点文物保护单位。

4.顺德勒流广孝桥

广孝桥(图4-30)位于顺德区勒流街道黄连居委会基尾。明弘治四年(1491年),司礼监太监傅容家族为扫墓方便而修建,呈东西走向,桥面长7.6米,桥石板一块宽0.5米,厚0.19米。

图4-30　广孝桥

5.三水西南半江桥

半江桥(图4-31)位于三水区西南镇河口片北岸,河口位于西、北、三江汇流处。春夏期间,三江水涨,河口圩场街道被淹,秋冬两季河水低落,水面距岸较远,因此,无论水涨水落,船舶无法泊岸,旅客和货物的上落,必须靠小艇载至河中客轮或货轮,极大地影响了交通。1936年,广东第四路军总司令余汉谋拨款20万元,建河口军桥(原计划是作军运之用,后成为商旅交通之用)。桥为钢筋混凝土结构,宽3.8米,长237.5米,由江岸向南伸出至江心。江心终端建成三层,水涨时可从桥面上落,水浅时可在下层上落。建成后抗日战争烽火延及华南,河口失陷,此桥一直未作军运,成为一座规模较大的船舶码头。

三、肇庆市

1.封开酒井桥

酒井桥位于封开县南丰镇北郊酒井村的南面,南北走向,横跨小岗河,建于清代,为古代开建县的南北交通要道。酒井桥为花岗岩单券石筑平桥,桥长22米,宽3.34米,桥面微拱,跨度7米,高约5米,中间桥台长5.33米,两端设有石级,没有围栏。该桥现保存良好。

2.四会窖坑桥

窖坑桥位于四会市威整镇下闸村边,清嘉庆年间始建,是四会市现存最大的柱墩石砌梁式古桥,是当时威整通往清新主道桥梁。

图 4-31 半江桥

四、东莞市

孙杜古桥

孙杜古桥位于东莞市石龙镇西湖村南畲朗村民小组,始建于明嘉靖三十五年(1554年),以纪念解决涝旱之患,支持建桥的广东巡抚孙公、参藩杜公命名。清宣统元年(1909年)重修,孙杜古桥为花岗岩平梁桥,长约 4.2 米,宽约 13 米,桥墩以花岗岩石块砌筑,桥面为花岗岩石条并排砌成,桥面北侧刻有"孙杜古桥"及重修时间。南侧有东华三院修建的不规则红砂岩石栏板,西、北两面筑红砖砌筑挡土墙。

2004 年,孙杜古桥被公布为东莞市文物保护单位。

五、惠州市

1.博罗县长庆桥

长庆桥(图 4-32)位于惠州市博罗县泰美镇,又称"七截桥""七度桥",横跨良田河足有 70 米,始建年份不详,长庆桥六个桥墩将桥分为七截,为七截六孔石梁桥。该桥每截用长长的四至五根麻石条铺设,虽然有个别石条断裂,但行人仍可畅通。

2.普济桥

普济桥(图 4-33)位于惠城区小金口镇白沙堆村,明万历年间建,是时任惠州太守的徐时进主持修建的 9 座石桥之一,桥长约 20 米,高约 5 米,为三孔青石板桥,每孔桥面铺 3 块青石板。

《惠州文史》第七辑《千年古道风貌存》中介绍:广惠古道在惠州境内尚存两座古桥梁,一是位于白沙堆村的普济桥,另一则是位于市区、今天仍在使用的拱北桥。普济桥在古道上

图 4-32　长庆桥

的位置极为重要。在古代,凡是处于官道上的桥梁,都是官府修的。由于白沙堆村有一条东江支流,才有了今天的普济桥。按照徐时进在《新径石桥记略》中记载,普济桥的前身是一条"桥木且腐"的木柱桥梁,为了造福百姓,并确保官道畅通无阻,徐时进令邑人修建石桥,并在桥南立起"普济桥"石碑。

六、中山市

1.杜婆桥

杜婆桥(图 4-34)位于中山市沙溪镇涌边村涌边街六乡涌之上,始建于宋代,明崇祯年间,清雍正、同治年间,以及 1986 年均有重修,现存建筑主要为清代风格。杜婆桥为三孔石梁桥,呈西南—东北走向,有 4 座花岗岩砌成的桥墩。桥总长 24.6 米,桥

图 4-33　普济桥

面宽 3 米,用 5 列共 15 条花岗石板并排铺成,引桥各设 5 级台阶。该桥是中山市现存始建年代较早、保存较完整的石桥之一,对研究中山市的古代桥梁史有较高的参考价值。

2009 年,杜婆桥被公布为中山市文物保护单位。

图 4-34　杜婆桥

2.濠头青云桥

青云桥(图 4-35)位于中山市火炬高技术产业开发区联富社区濠头小区文阁大街 27 号对面,建于清宣统元年(1909 年)。该桥呈东南—西北走向,为三孔石桥,全长约 33 米。中孔砌圆拱,高 6 米,宽 2.1 米,桥面铺 6 列花岗岩石板,东西两侧石砌方孔,上架石梁,5 列花岗岩石条并排铺成,石梁两端下部有石托脚支撑。东侧设 13 级步级,西侧设 11 级步级。石砌桥墩,中间两个桥墩的两侧均石砌分水尖。中间桥拱南北两侧各镶一个阳刻"青云桥"石刻,落款"宣统元年建"。青云桥是中山市现保存较好、造型独特的清末桥梁建筑之一,具有较高的历史价值和建筑艺术价值。

图 4-35　青云桥

2009 年,青云桥被公布为中山市文物保护单位。

3.跃龙桥

跃龙桥(图4-36)位于中山市小榄镇新市社区跃龙街与东区社区西凌大街之间,始建于明末,清乾隆十三年(1748 年)、道光七年(1827 年)重修。该桥呈南北走向,为花岗石砌筑双孔石梁桥。桥面全长约 27 米,宽约 3.5 米,由 7 条花岗岩条石铺成。桥墩用花岗石横铺垒砌,中间的桥墩东西两侧均砌分水尖,桥头两端各有石级。民国时期村民为防匪患在桥北建碉楼一座,有西式廊柱、拱券和山花,俗称"镇东楼"。跃龙桥是中山市现存形制较为特别的石梁桥之一。

2009 年,跃龙桥被公布为中山市文物保护单位。

图 4-36　跃龙桥

七、江门市

1.水口桥

水口桥(图4-37)位于恩平市沙湖镇水口村,清末建,是一座六驳的平板石桥。水口桥全用花岗岩条石架成,没有桥墩,仅用"八字形"的长方形条石斜立在河中,再架上石横梁,长方形条石与石横梁的接合处打凿成凹陷形,互相咬合,形成稳固的支架,再铺上石板。桥面宽0.9 米,每节石板长 4.3 米,共 6 节,桥全长 25.8 米,石横梁长 1.4 米,厚 0.2 米,宽 0.48 米,斜立的条石高 4 米。水口桥古朴而简约,构造简单,耗材少,但坚固耐用。

自水口桥建成后,一直是连接肇庆至恩平甚至粤西的交通要道。抗日战争时期,水口桥曾遭破坏,附近村民及时保护石桥,巩固了桥身,使桥得以保全下来。1983 年,恩平县人民政府把水口桥定为县级文物保护单位,划定桥梁主体四周 30 米为保护范围。"耸峙云根,何忧鸭头涨绿,平铺山骨,还胜雁齿排红",邑人周作砺的《修桥序》,把恩平石桥景观描绘得淋漓尽致。

图 4-37　水口桥

2.合山铁桥

合山铁桥(图 4-38)位于开平市百合镇合山东侧,建于民国二十三年(1934 年),是百合和蚬岗两地交通的枢纽。过去因潭江所隔,两地之间,船是唯一的交通工具。1926 年夏,一艘渡船被急流冲覆,除 3 人逃生外,船上百余人全部丧命,悲剧震惊海内外。1930 年,两地归侨、侨眷成立"开平合山筑桥会",倡议募款建桥。从日本早稻田大学桥梁工程系毕业回国不久的黄勒庸(百合厚山人)深孚众望,出洋募款,以集股形式在美国、加拿大等地发动捐款,每股 25 美元,共筹集到款项 16.2 万元,并亲往德国购买钢材,自行设计,自行施工。合山铁桥为无墩式铁桥,长 67 米,宽 9.5 米,承载量 10 吨,是开平到台山市那扶公路线上的重要桥梁。当时还修建了一条从齐塘通往蚬冈的公路,改善了两地的交通状况。

图 4-38　合山铁桥

1983 年,合山铁桥被开平县人民政府公布为文物保护单位。

第二节   广东珠三角地区文物保护单位石拱桥

拱桥是桥梁结构的另一种基本形式。从力学观点区别,拱在垂直荷载作用下,拱脚处会产生横向推力,而拱结构内部则基本上产生轴向压力。在形式上,拱本来是环绕的意思,因此环洞形的桥梁称作拱桥。我国石拱桥拱轴线的形式、种类很多。目前所知道的拱有半圆形、马蹄形、弧形(平拱)、尖形、蛋形和椭圆形等,广东珠三角地区现存历史拱桥多为半圆形拱。

半圆形拱最为普遍,其形状简单、施工方便,如广州番禺的龙津桥、跨龙桥,广州芳村通福桥,惠东甜济桥,惠阳跃鲤桥,博罗通济桥,深圳的永兴桥等。

南方圆形拱往往略大于半圆,似马蹄形,长江三角洲一带的拱桥都是如此,浙江绍兴一带有许多拱桥极似马蹄,如绍兴阮社桥(图4-39)。

图4-39   绍兴阮社桥

弧形拱是用圆周的一段,故名割圆拱,因拱形平坦,又称平拱。如广东顺德洛阳桥(图4-40)、河北赵州桥(图4-41),还有其他敞肩拱都属此类。

图4-40   顺德洛阳桥

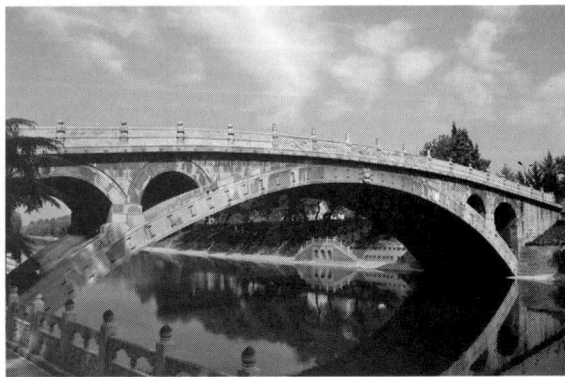

图4-41   河北赵州桥

尖拱顶成锐角,实则是两段不同心圆弧拱在拱顶搭接,尖拱拱矢较高,如东莞大汾连步桥,该桥建于明朝嘉靖年间,由大汾乡人何应阳所建,其后裔何启享于清康熙年间重修。连步桥为适应当时水乡潮汐水位落差较大的特点,桥拱较高。

一、广州市

1.沙面西桥(英格兰桥)

沙面西桥(图4-42)位于沙面北街与沙面三街交汇处,跨沙基涌接六二三路,是1861年建造的西式三孔拱桥,全长31.55米,宽4.8米,南端有5米长的座地引桥,北端有东西台阶上落,东台阶较宽。桥身南北两端各有两条混凝土装饰柱立在栏杆望柱顶,起到视觉均衡的作用。桥身由3个连续砖拱支承,拱脚落在4个花岗石桥墩上。拱跨分别是8.25米、9.05米、8.25米,拱的矢高(最高水位线到拱顶高度)是3.15米。桥面铺混凝土,两侧栏杆与望柱为钢筋混凝土仿石结构。原栏杆为西式瓶式,后改为清代形式。该桥为步行桥,至今仍在使用。

图4-42　沙面西桥(英格兰桥)

1996年,沙面西桥被公布为全国第四批重点文物保护单位。

2.通福桥

通福桥(图4-43)位于荔湾区石围塘五眼桥村秀水涌上,又称"五眼桥""李公桥",始建于明万历四十年(1612年)。通福桥全长44.6米,桥宽2.9米,呈南北走向,桥头南端起于秀水横街,横跨秀水涌,向北延伸至南福里。南引桥长5.1米,北引桥长6米,上下桥有8个石级台阶,每级台阶高0.1米,宽0.53米,是一座五孔石拱桥。造型和结构别具特色,宽孔薄壳,以红砂岩石建造为主。桥面铺设红砂岩石块,护栏是由白色花岗岩条石镶嵌,中孔上方刻有阴文正楷"通福桥"。中孔高4.4米,宽6.6米,其余四孔对称排列,孔宽分别为5.1米、4.4米。桥墩下部用花岗岩砌筑分水尖,基础牢固,泄水快速,至今未发现基础下沉现象。

通福桥保存尚好,只是由于长年车行人走,桥面留下凹凸不平的痕迹,引桥的红砂岩石块大部分已损毁和残缺,桥面的红砂岩条石有部分断裂、磨损和风化。如今通福桥已失去省佛通衢的作用,但它对五眼桥村的交通,仍有使用价值。

图 4-43　通福桥

1993 年 9 月,通福桥被公布为广州市文物保护单位。2008 年 11 月,通福桥被公布为广东省文物保护单位(图 4-44)。

3.番禺跨龙桥

跨龙桥(图 4-45)位于番禺区石碁镇新桥村南坊。始建于明代,在明洪武至清康熙五十一年(1712 年)期间为木桥,是当时村民出行的主要通道。清康熙五十二年(1713 年)改建为花岗岩三孔石拱桥。清乾隆十一年(1746 年)、清宣统三年(1911 年)两度重修。据《番禺县志续志》中《拱桥碑记》记载:"洪武至今,桥凡四修,迄光绪丁未桥将圮,生员周宗屏暨周泰昭、胡琼天等重修,费白金二万二千两。"跨龙桥长 25.3 米,宽 4.6 米,桥分三段,中段砌有三个弧形石拱承托桥面,桥面两侧砌有高 0.65 米的石栏板和高 0.85 米的石望柱,风格简朴,中段两端用花岗岩石砌成八级台阶作为引桥(图 4-46、图 4-47)。该桥保存较好,是连接新桥涌两岸的主要通道。

2008 年 12 月,跨龙桥被公布为广州市文物保护单位。

图 4-44　通福桥文物保护单位碑

图 4-45　跨龙桥

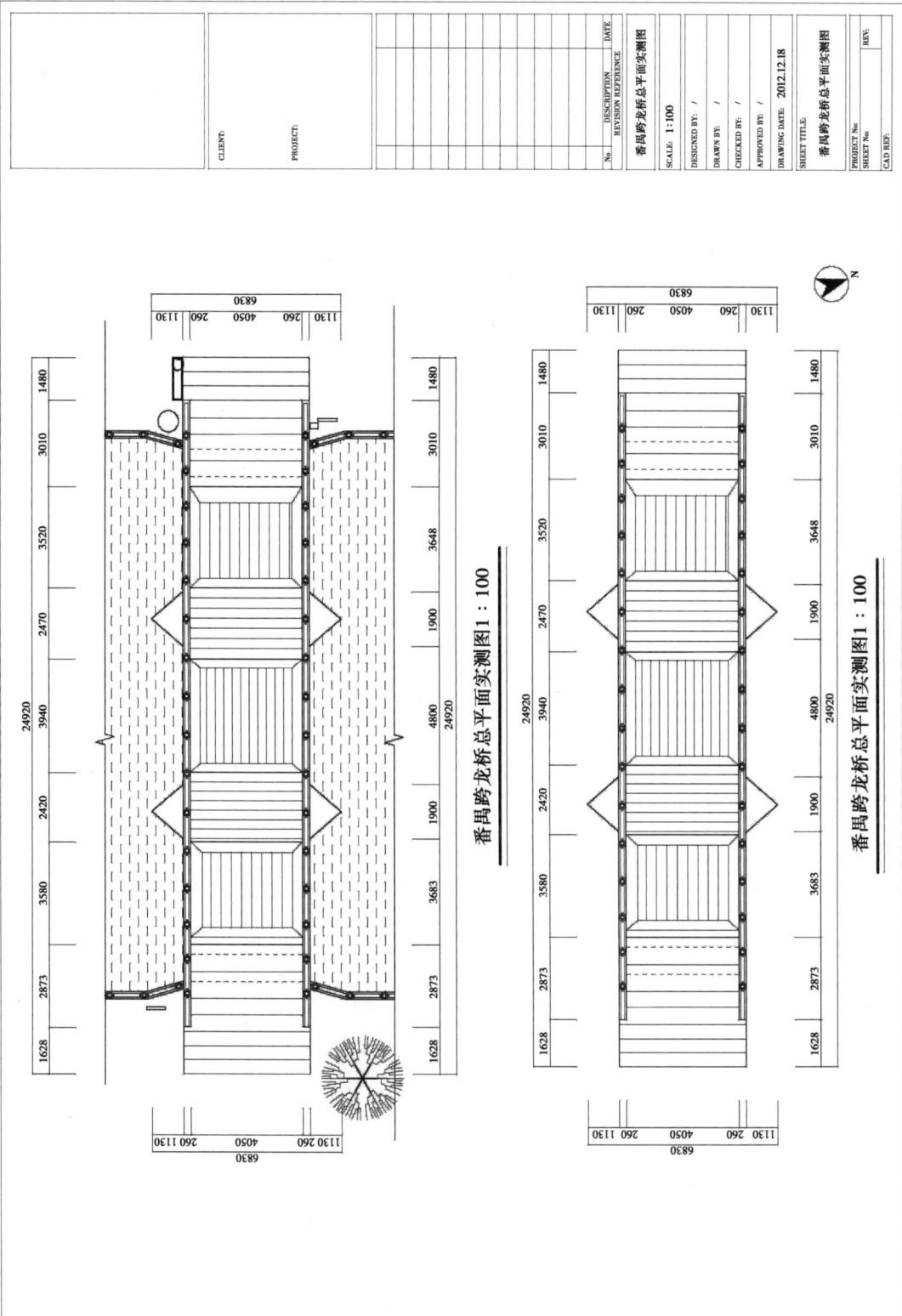

图4-46 番禺跨龙桥总平面实测图

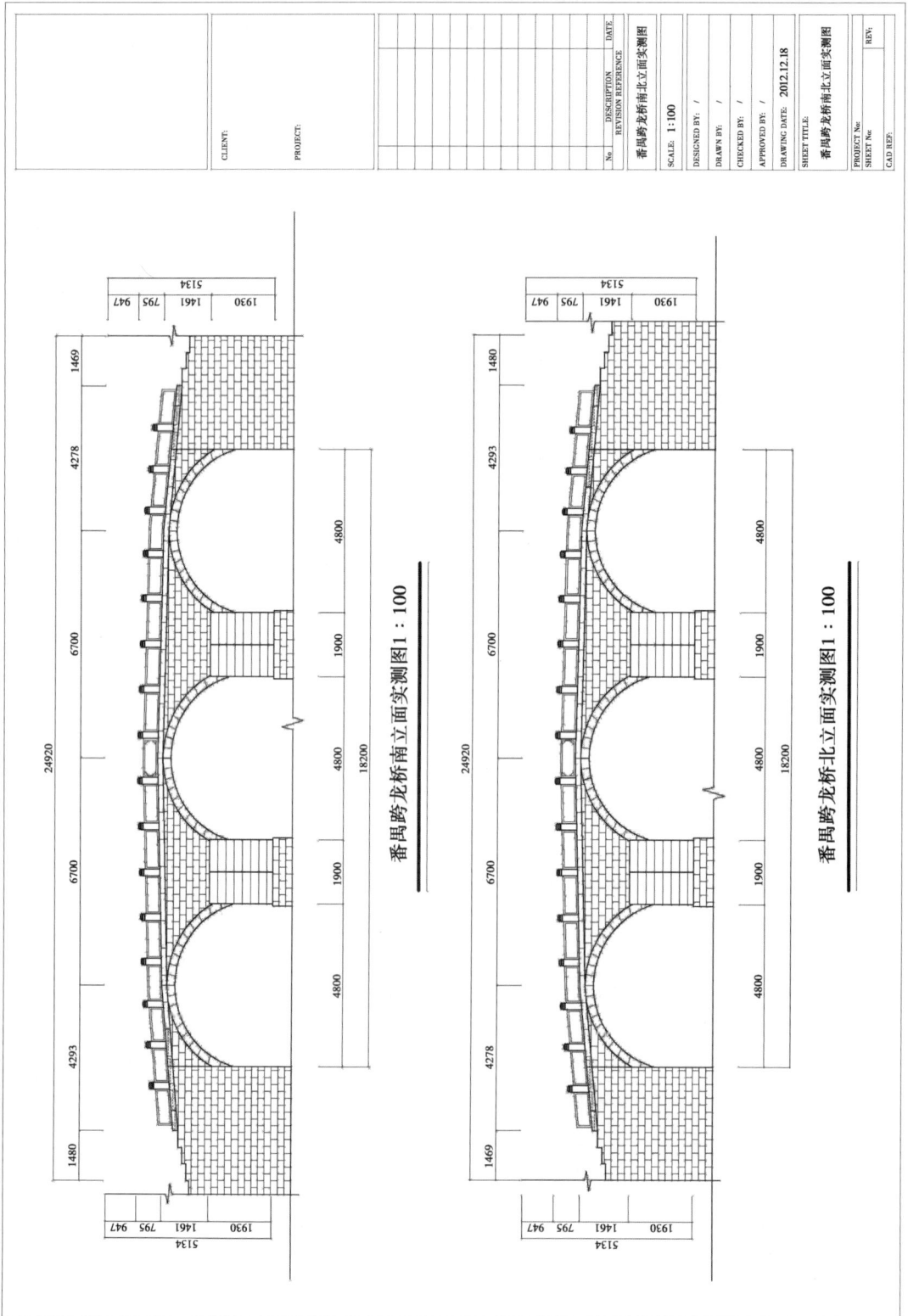

图4-47　番禺跨龙桥南北立面实测图

4.番禺龙津桥

龙津桥(图4-48)位于番禺区石楼镇大岭村西,横跨大岭村玉带河上。清康熙年间(1662—1723年)用红砂岩石建造,为双拱拱桥,桥长28米,宽3.2米。东西有引桥,东侧引桥又分出一条右向南引桥,长2.9米。桥墩有分水尖、凤凰台,可分减水流冲力。桥面两侧各竖有16根石望柱,15块栏板,刻有莲花纹、八仙法器花纹、鲤鱼跳龙门等浮雕,雕工古朴生动(图4-49—图4-52)。桥北侧西端栏板刻有番奴像,双手捧盘顶在头上,盘中盛物,作单腿跪献状。桥中央外侧刻阳文草书"龙津"二字,上款"康熙年"三字。

图4-48 龙津桥

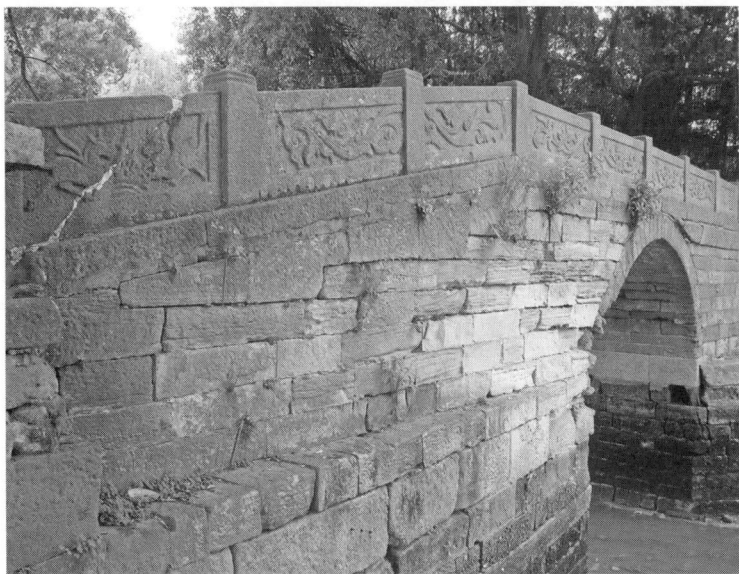

图4-49 龙津桥栏板局部

2008年12月,龙津桥被公布为广州市文物保护单位。

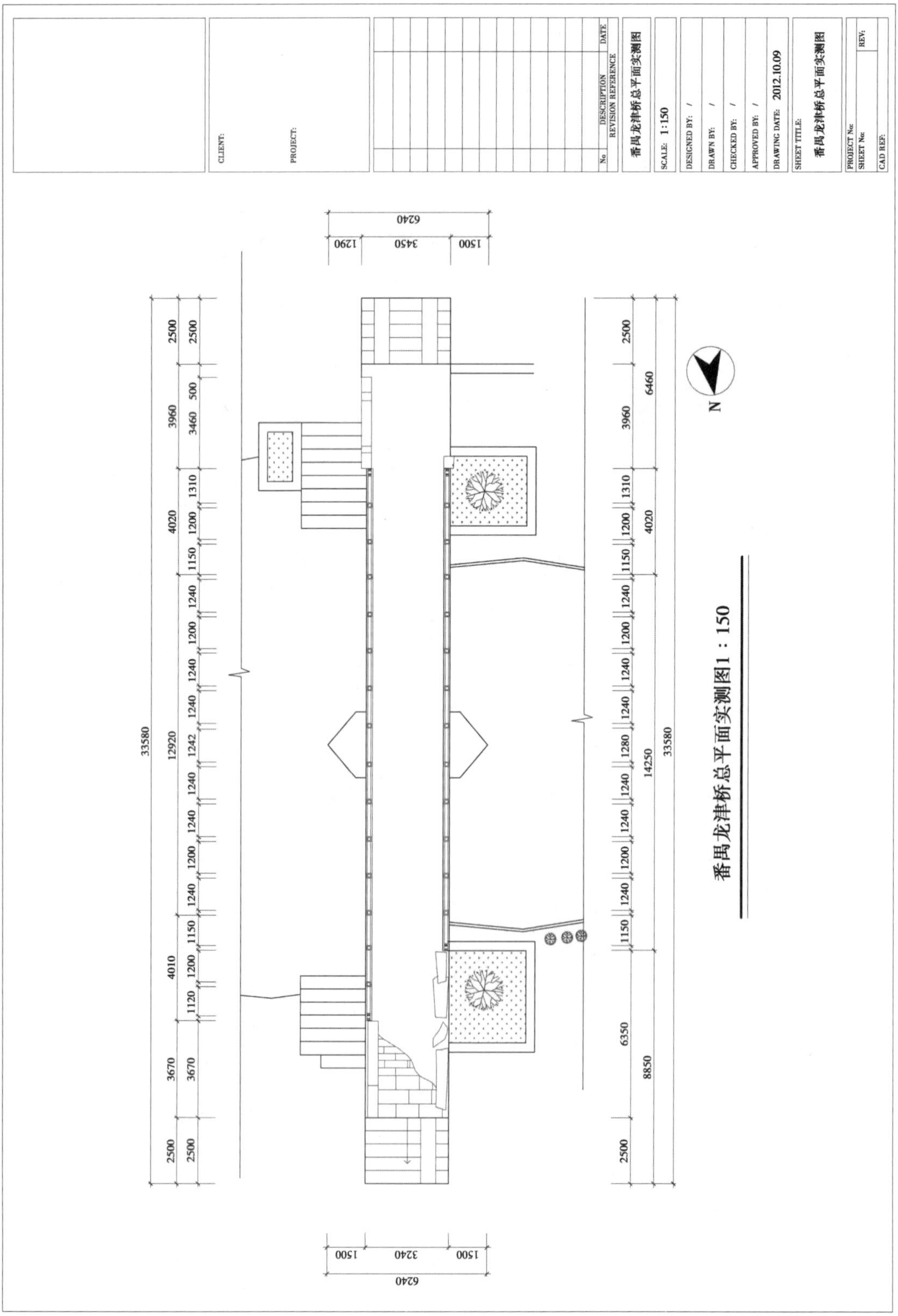

番禺龙津桥总平面实测图1：150

图4-50　番禺龙津桥总平面实测图

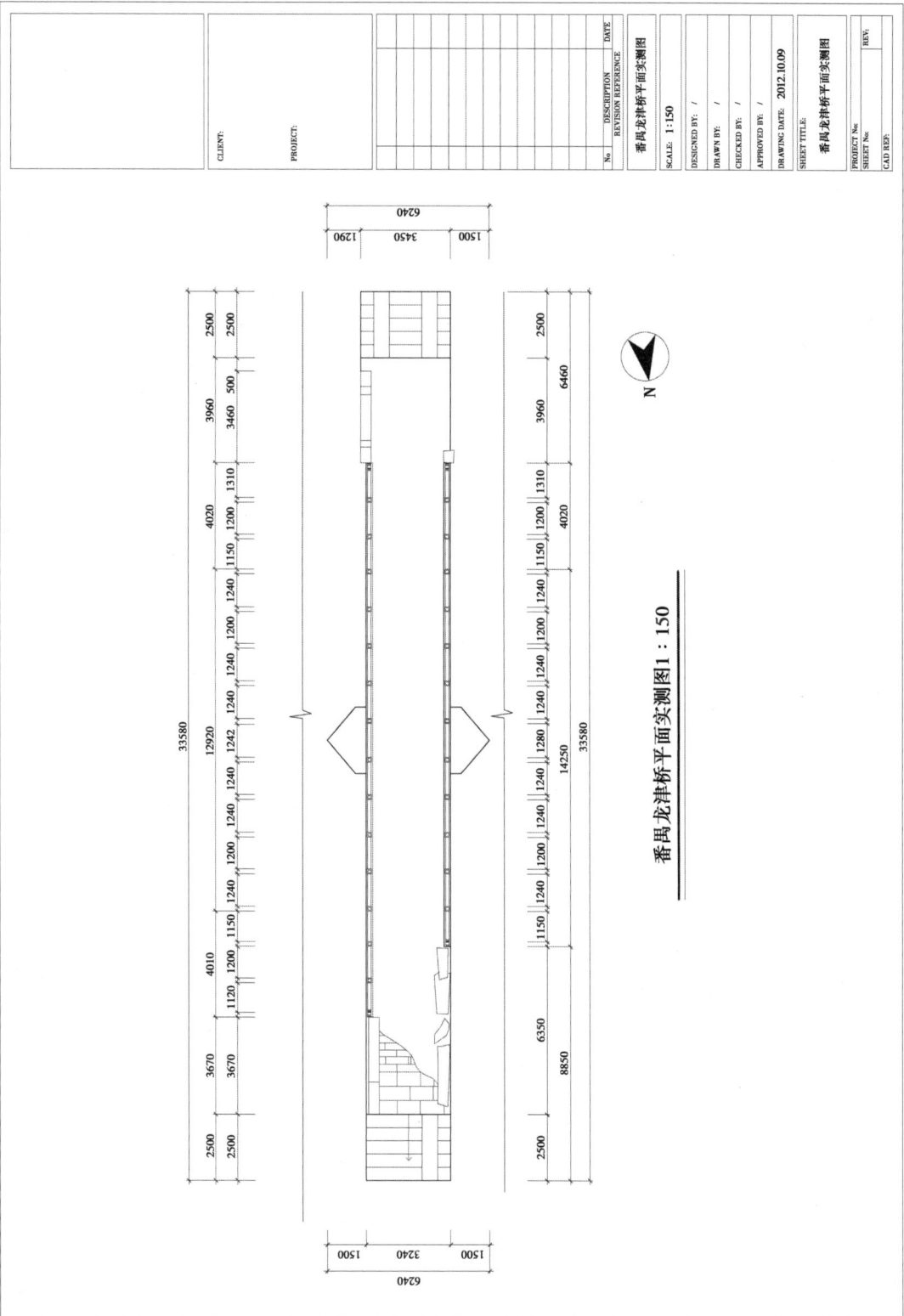

番禺龙津桥平面实测图1：150

图4-51　番禺龙津桥平面实测图

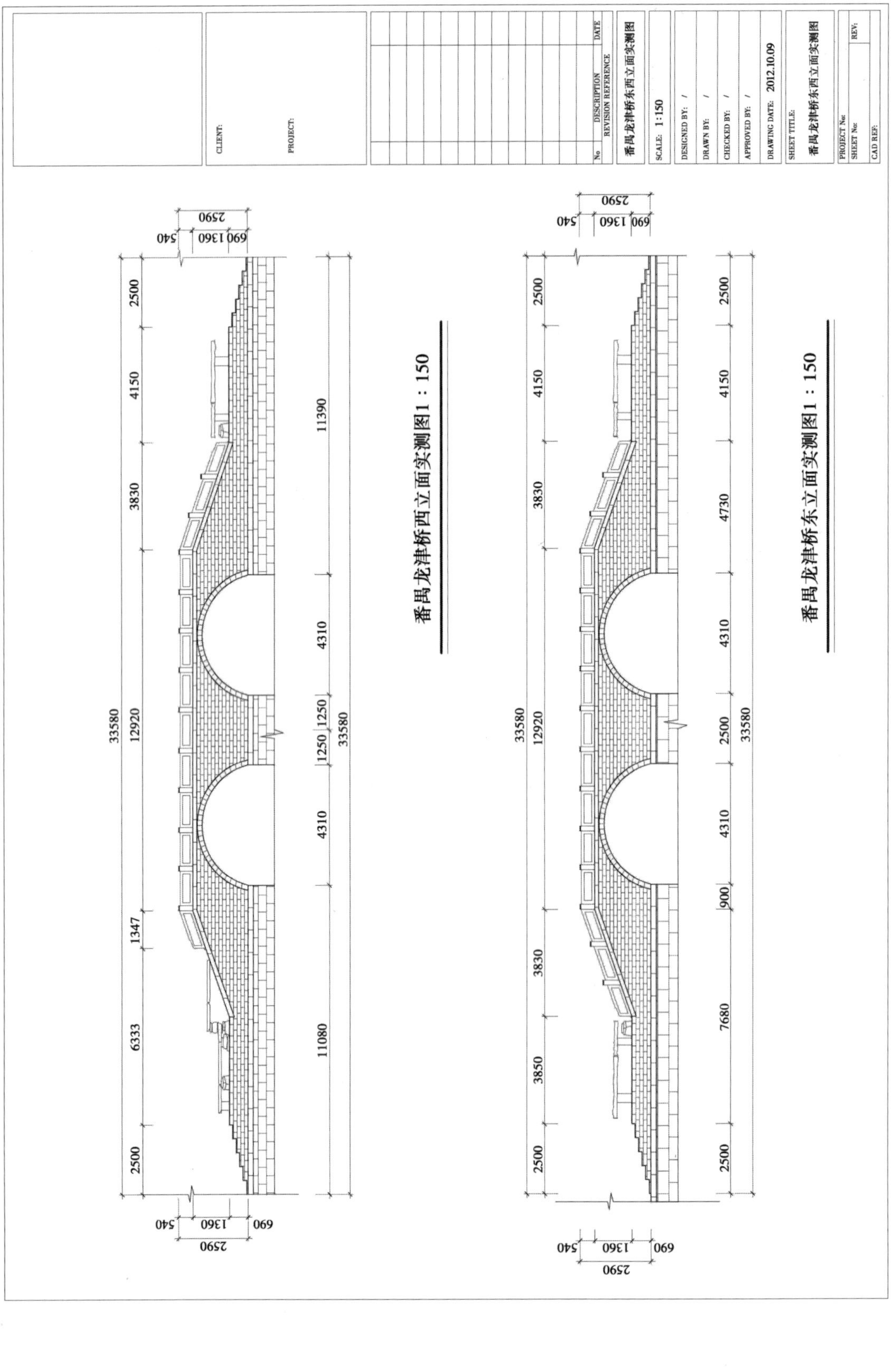

番禺龙津桥西立面实测图1：150

番禺龙津桥东立面实测图1：150

图4-52　番禺龙津桥东西立面实测图

5.番禺龙门桥

龙门桥（图4-53—图4-57）位于番禺区化龙镇水门村,始建于清代,为红砂岩砌筑的单孔石拱桥,桥长28米,宽3.7米。东桥匾题"龙门"两字。民国六年(1917年)重修时铺上花岗石桥面。原桥的兴建与重修均有碑记,存于桥边的天后庙中。"文化大革命"时期天后庙被毁,碑也散失。

图4-53 龙门桥

2002年9月,龙门桥被公布为广州市文物保护单位。

6.增城步云桥

步云桥位于增城区荔城镇以西18千米的朱村镇大岗村,清乾隆三十六年(公元1771年)建,为青石砌筑的半月形单券孔桥,桥长20米,宽2米,桥中部略高,无栏,桥体坚固,跨度之长,在增城区内少见。

2002年9月,步云桥被公布为广州市文物保护单位。

二、佛山市

1.顺德杏坛明远桥

明远桥（图4-58）位于顺德区杏坛镇逢简村潭头坊,按县志记录为宋代李仕修所建,后历经重修,现存为明代风格。明远桥为三孔石拱桥,桥长25.10米,顶宽4.60米,高4.50米,用红砂岩构筑。桥拱是纵联砌置法,桥栏石华板刻有各种花纹图案,两旁14条望柱柱头雕石狮,造型生动。"文革"时期,石狮子遭到破坏,现仅存十只。桥两边斜道不砌石级方便车马过桥,是顺德区现存文献记录最早的三孔石拱桥,也是顺德区现存石拱桥最长的一座。

1991年,明远桥被公布为顺德县(今顺德区)文物保护单位。2002年7月,明远桥被公布为广东省文物保护单位。

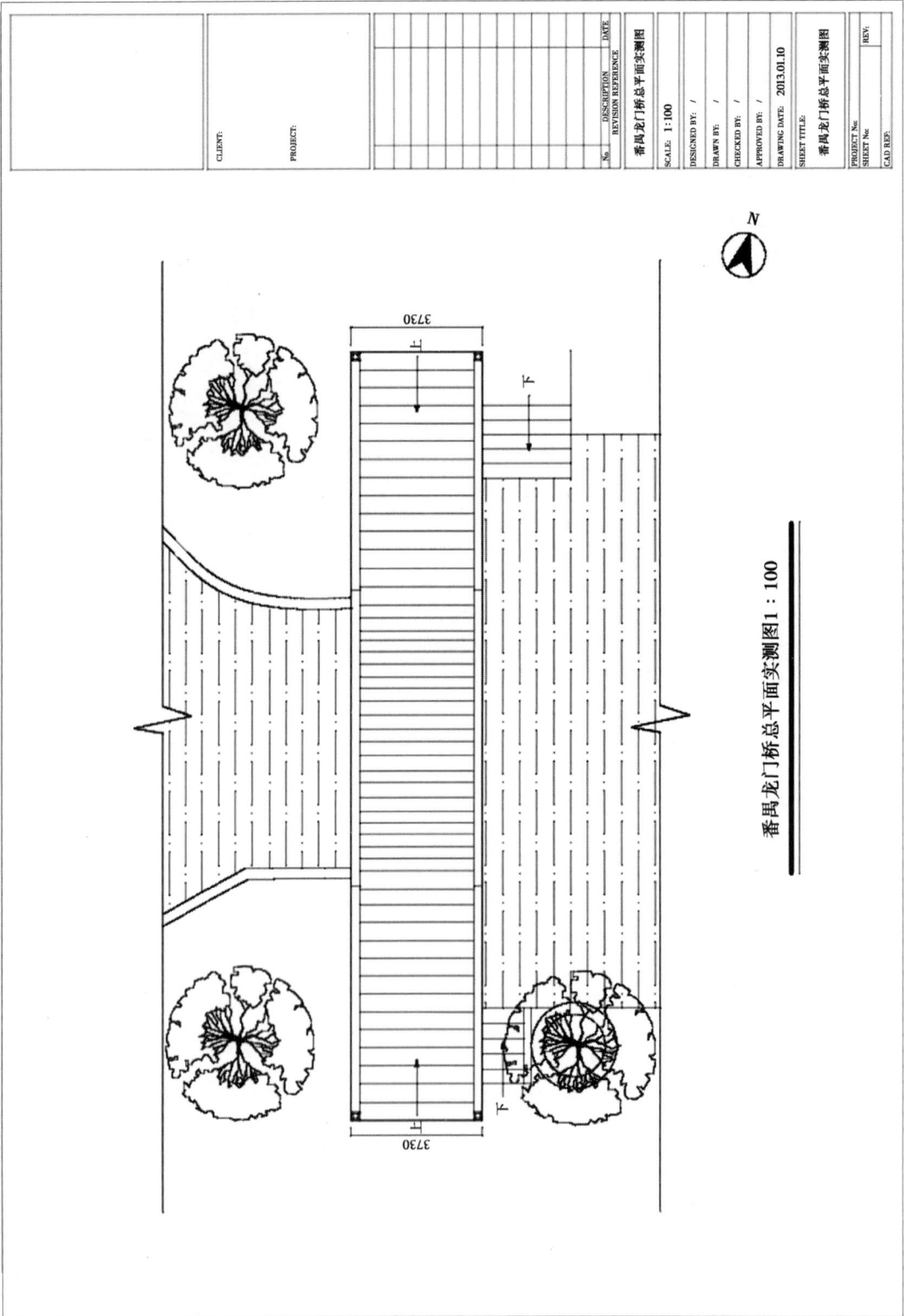

番禺龙门桥总平面实测图1：100

图4-54　番禺龙门桥总平面实测图

番禺龙门桥西立面实测图1：100

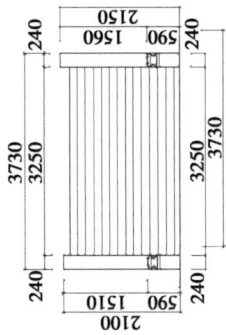

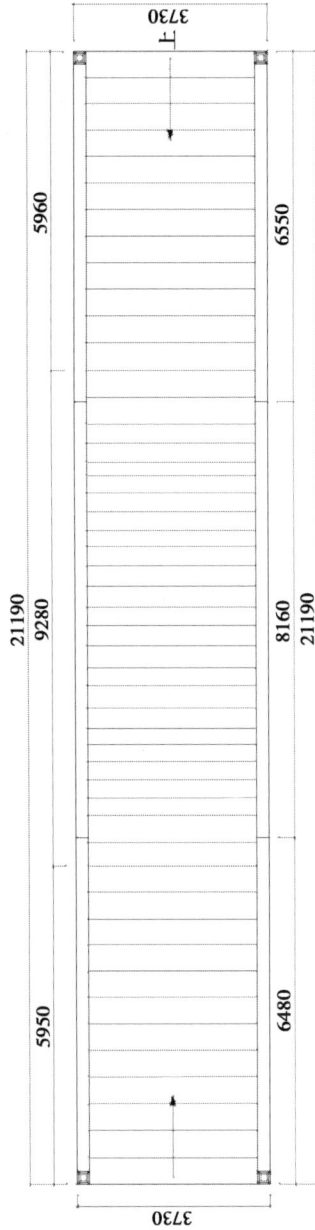

番禺龙门桥东立面实测图1：100

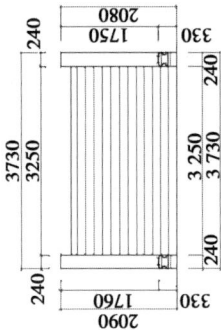

番禺龙门桥平面实测图1：100

图4-55 番禺龙门桥东西立面及平面实测图

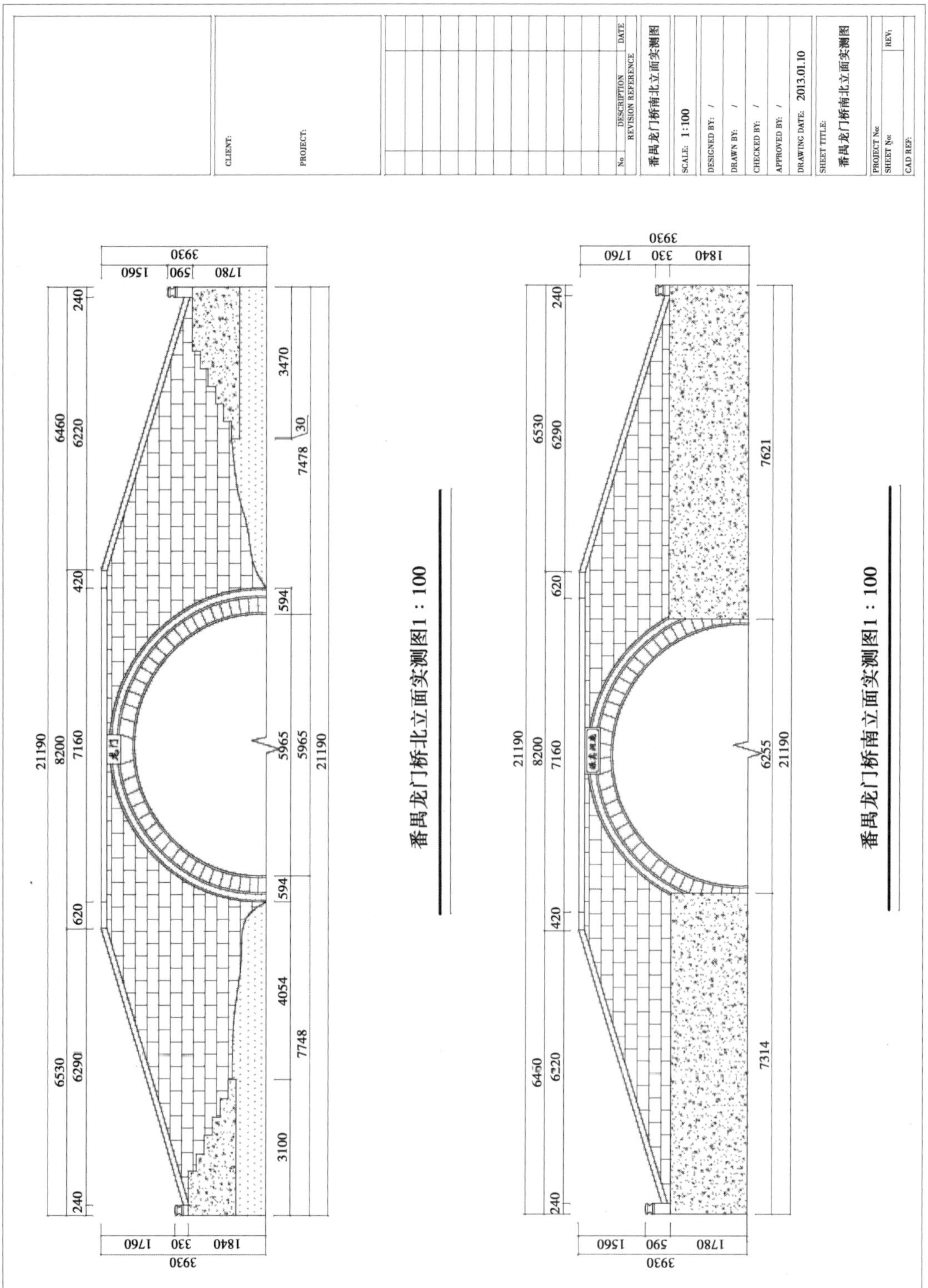

番禺龙门桥北立面实测图1：100

番禺龙门桥南立面实测图1：100

图4-56　番禺龙门桥南北立面实测图

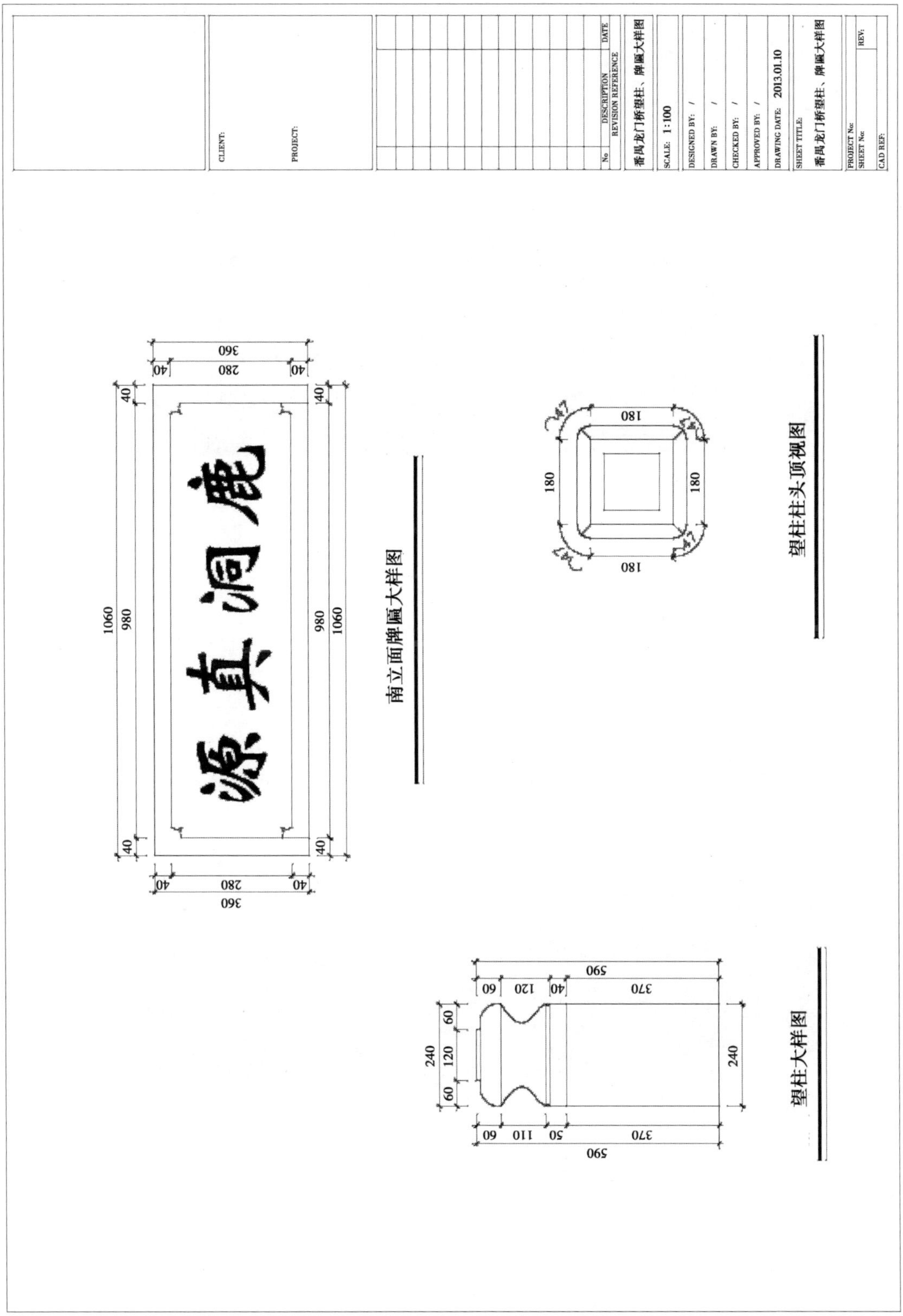

图4-57 番禺龙门桥望柱及牌匾大样图

图 4-58　明远桥

2.南海狮山古岗桥

古岗桥(图4-59)位于南海区狮山镇永安村委会古岗村,明代建造,是一座四墩三拱的红砂岩结构的石拱桥。古岗桥长30米,高4米,宽2.85米。三个拱及面石用花岗岩建造,桥身用红米石建造,曾是明清时期南海古道重要的桥梁之一,为研究南海交通史提供了实证。该桥至今保存良好。

图 4-59　古岗桥

2006年10月,古岗桥被公布为佛山市文物保护单位。

3.南海狮山福星桥

福星桥位于南海区狮山镇大榄村委会大榄涌上,始建时间不详,清宣统元年(1909年)

重修,为四桥墩三拱石拱桥。桥长约 32 米,宽 3.05 米,中间孔宽 5 米,高约 6 米,两边孔宽 4米、高约 5 米。

桥体形状古朴,桥面分三层,从桥东路面拾级而上,经五级石阶达到第一层,前行四条青石板宽的平台,跨五级石板上第二层,再前行十条青石板宽的平台,上两级台阶达第三层,该层铺设了 19 条青石板宽的桥顶平台,然后又依次下桥西。全桥建筑材料为当地俗称"白石""咸水石"的花岗岩石。桥的三个石拱都分别安装有可开关的两扇漆成红色的木质闸门,中间用石材筑成两桥墩向两边河道延伸为三角形的"导流锥"结构,以减轻流水对桥墩的阻力。

4.南海三山三眼桥

三山三眼桥(图 4-60),位于南海区桂城街道东区村委会禾仰村,始建于明代,为两墩三孔石拱桥,居南海现存古桥之冠。桥长 32.3 米,宽 3.4 米,高 5.5 米,跨三山涌,由红砂岩、灰砂岩和少量花岗岩石壁拱砌成。东西走向,东砌 11 级、西砌 19 级步级。两侧有雕饰图案花纹的栏杆,花岗岩与红砂岩柱相间排列。埠头桥墩雕刻有"不准在此交易""不许船拦桥眼"等字。

图 4-60　三山三眼桥

当年每旬逢三、六、九圩日(集市),邻近村庄以及广州的东望、西望、南教、东教,番禺的洛溪、沙溪、石壁、大石、新造,顺德的陈村、碧江的村民都划着船艇前来趁圩(赶集)。

5.南海九江三元桥

三元桥(图 4-61)位于南海区九江镇儒林社区船栏街旁,清道光年间建,桥向东西,横跨九曲十三湾,东端接在船栏街,西端接在现九江文化中心。三元桥长 17.67 米,宽 2.44 米,高2.3 米,桥面人行道宽 2.1 米,桥栏高 0.8 米,以花岗岩石砌成,是壁拱式拱桥,桥孔宽 5.37米。桥栏两旁中间原有石刻"三元桥"和"道光年建"。"文革"期间,三元桥桥上的石刻文字被判作"四旧"而铲除,现字样痕迹尚存。1955 年,旅港乡贤关志显先生捐资对该桥进行了修葺,现该桥整体保存完好。

图 4-61　三元桥

6.南海盐步三眼桥

三眼桥位于南海区大沥镇河东村委会穗盐路,始建于明末,清代重修,为红砂岩石砌筑的墩拱式石桥。桥长 28.2 米,宽 3.2 米,高 5 米,两墩三孔,拱桥的桥面和壁拱用红砂岩呈日字形叠砌成,拱壁、桥墩以花岗石为基底,桥面无桥栏。

7.顺德杏坛巨济桥

巨济桥(图 4-62)位于顺德区杏坛镇逢简村逢简圩入口处,花岗岩石构筑,梁式三孔石拱桥。桥长 24 米,顶宽 4.45 米,高 4.1 米,桥拱为纵联砌置法,桥两边各有 12 级石阶,桥栏两边各有望柱 14 条,柱头雕石狮子,石栏华板刻花纹图案装饰。据县志记载,该桥始建于宋代,为李仕修建造。因历代均有重修,现已看不到任何宋、元、明三朝的痕迹。最后的重修时间,桥身石刻记录为:"民国十八年合乡重建,齐安义盛造。"现该桥保存完整。

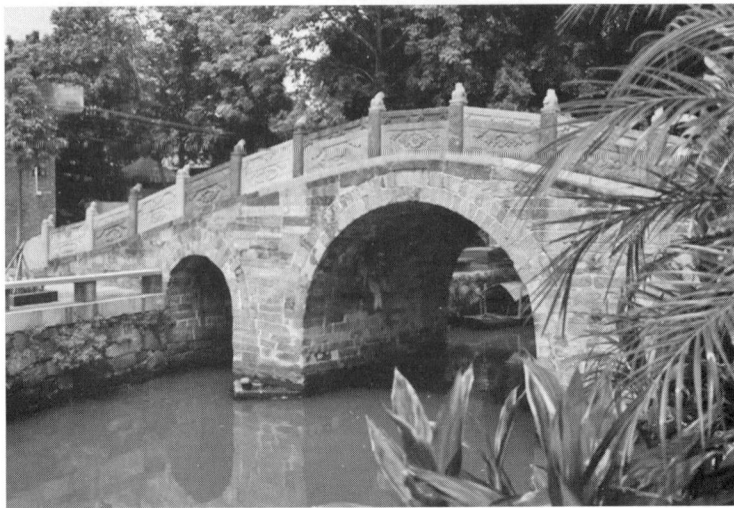

图 4-62　巨济桥

1991年5月,巨济桥被公布为顺德县(今顺德区)文物保护单位。

8.顺德杏坛金鳌桥

金鳌桥(图4-63)位于顺德区杏坛镇逢简村根小组大地街,清康熙年间建,是康熙丁丑年(1697年)科进士刘云汉仿京城皇室花园金鳌玉带桥所建造,民国十年(1921年)重修。桥为梁式单孔石拱桥,长14米,宽3.05米,高3.5米,孔跨6.9米。石质为红砂岩,拱为纵联砌置法,桥面是用白色水成岩砌成,桥两边各有13级石级,桥横栏一边刻有"金鳌"二字,另一边刻有"玉带"二字。桥虽不长,却也别致。四周的古榕、芭蕉、农舍与古桥相映成趣,颇有味道。

图4-63　金鳌桥

2006年1月,金鳌桥被公布为顺德区文物保护单位。

9.顺德杏坛爱日桥

爱日桥(图4-64)位于顺德区杏坛镇龙潭村古粉牌坊前200米,明代建造,是一座梁式单孔石拱桥。桥长13米,顶宽3.4米,高3.6米。石质为红砂砾岩。桥拱为并列砌置法,桥栏华板雕刻有禹门、龙、双凤、牡丹及八宝图案。

图4-64　爱日桥

2006年1月,爱日桥被公布为顺德区文物保护单位。

10.顺德杏坛跃龙桥

跃龙桥(图4-65)位于顺德区杏坛镇上地村前街,清康熙年间建,是红砂砾岩构造的梁式单孔石拱桥。跃龙桥全长13.2米,顶宽3.25米,高3.6米,桥拱为纵联砌置法,一边现存石阶10级,一边现存石阶11级。桥身刻"跃龙桥"三字,旁刻"康熙戊午"。

2006年1月,跃龙桥被公布为顺德区文物保护单位。

图4-65　跃龙桥

11.顺德勒流见龙桥

见龙桥俗称"步半桥"(图4-66),位于顺德区勒流街道西华村见龙门牌坊旁,清康熙年间建,是红砂岩构筑的单孔石拱桥。见龙桥长19.8米,顶宽3.3米,高4.3米。石级每边11级,每级宽0.8米,需一步半走一级,故俗称"步半桥",桥栏外侧凸刻"见龙桥"三字。

图4-66　见龙桥

1998 年 12 月,见龙桥被公布为顺德市(今顺德区)文物保护单位。

12. 顺德容桂洛阳桥

洛阳桥俗称"石拱桥"(图 4-67),位于顺德区容桂街道四基居委会大市沿河路旁,始建于北宋熙宁五年(1072 年),岑国英主建,历经重修。洛阳桥为梁式单孔石拱桥,长 15 米,顶宽 2.58 米,高 3.1 米,如图 4-68 所示。全桥以红砂岩砌筑,桥面石级刻菱形花纹,洛阳桥是顺德区最早的梁式单孔石拱桥。

图 4-67 洛阳桥

1998 年 12 月,洛阳桥被公布为顺德市(今顺德区)重点文物保护单位。

13. 顺德北滘德云桥

德云桥原址在碧江德云圩的河涌上,因修路建设,将桥拆卸后按原样移建在今顺德区北滘镇碧江居委会民乐公园碧湖上。德云桥建于清嘉庆年间,是圆拱花岗岩石拱桥,长 20 米,其中桥面长 6.65 米,两端上下石级各 15 级,桥面水平段长 6.6 米,桥面宽 3.3 米,桥孔净跨度 6.1 米,净空高 3 米。桥两侧各有 16 条花岗岩石望柱,柱高 0.82 米,15 块栏板,栏板长 1.07 米。桥头望柱带抱鼓石,桥石墩长 7 米,宽 3.3 米,高 4 米以上。德云桥雄伟壮观,工艺精细,接缝严密。

2006 年 1 月,德云桥被公布为顺德区文物保护单位。

14. 顺德垂虹桥

垂虹桥(图 4-69)位于顺德区陈村镇旧圩居委会水沇基路段,俗称"大桥头",与俗称"细桥头"的酿泉桥平行,始建年份不详,桥身阴刻"垂虹桥""清咸丰元年赤花围乡重修"字样,为花岗岩构筑单孔石拱桥。垂虹桥呈东南至西北走向,全长 29.32 米,顶宽 2.85 米,高 4.35米,为纵联砌置法,桥墩以花岗岩构筑,花岗岩条石横联式砌置桥拱,桥面两边有素面桥栏板。桥两边各有 21 级青石台阶,上刻菱形花纹。

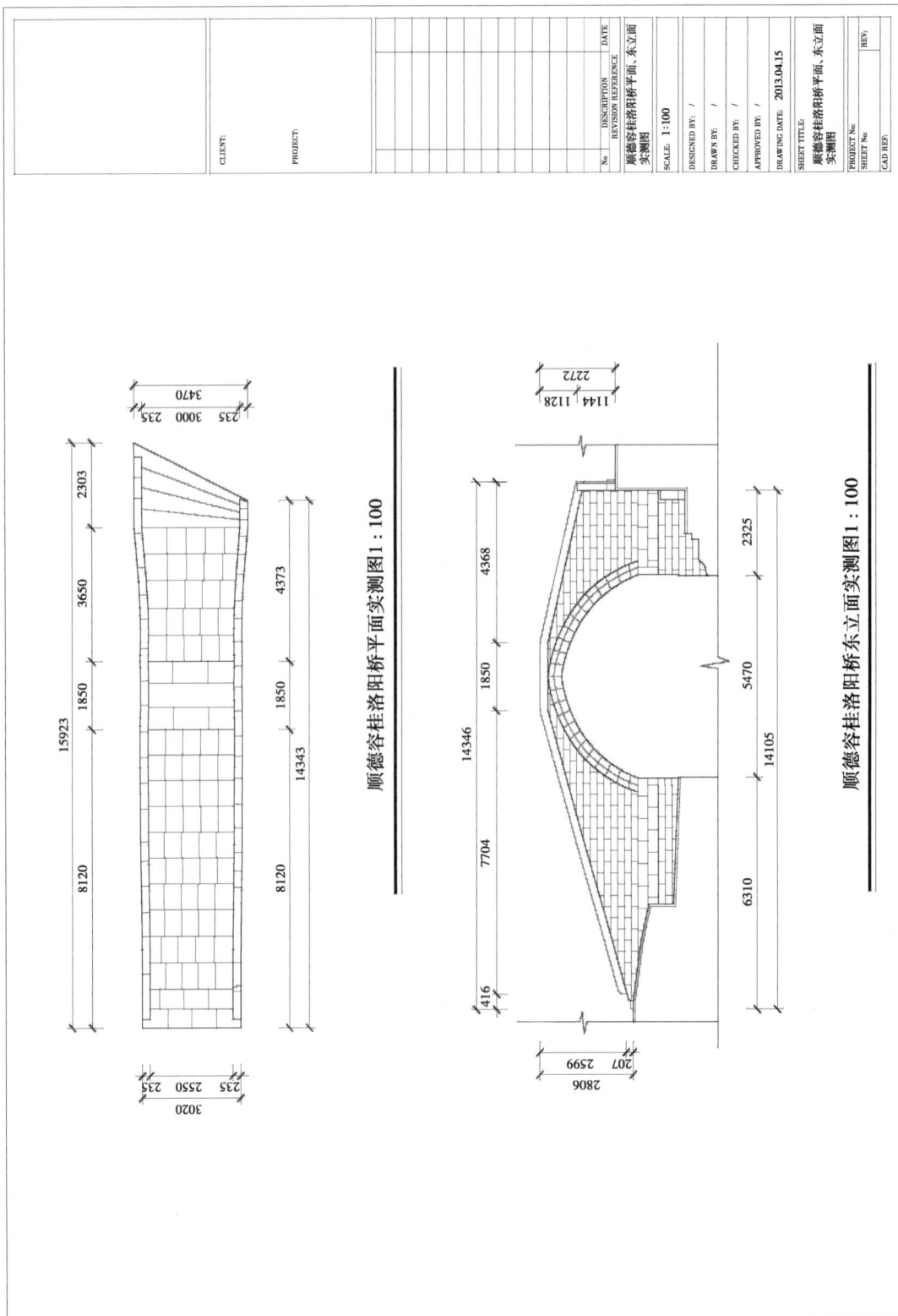

顺德容桂洛阳桥平面实测图1：100

顺德容桂洛阳桥东立面实测图1：100

图4-68　顺德容桂洛阳桥平面及东立面实测图

图 4-69 垂虹桥

1998 年 12 月,垂虹桥被公布为顺德县(今顺德区)文物保护单位。2006 年 10 月 25 日,垂虹桥被公布为佛山市文物保护单位。

15.顺德伦教御波桥

御波桥(图 4-70)位于顺德区伦教街道三洲居委会文明东路,清咸丰年间始建,光绪十一年(1885 年)重修,为花岗岩石构筑单孔石拱桥。御波桥全长 16.3 米,顶宽 3.10 米,高 5 米,拱跨 6 米,桥拱是纵联砌置法,两边有石栏板和望柱,栏板外刻"御波桥"三字。

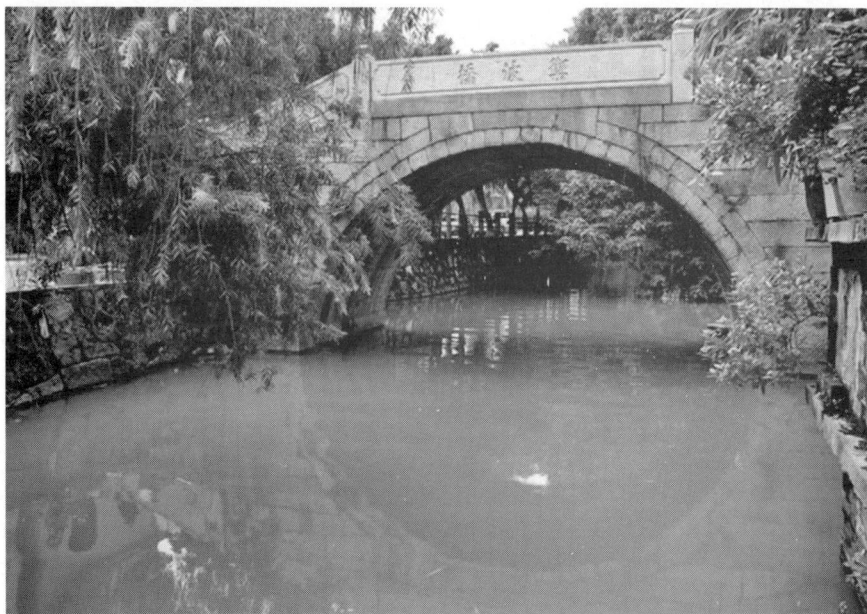

图 4-70 御波桥

1991 年 5 月,御波桥被公布为顺德县(今顺德区)文物保护单位。

三、肇庆市

四会龟石桥

龟石桥位于四会市下茆镇蒲洞村口公路边，又名"安拱桥"，建于清光绪十六年（1890年），该桥为石砌砖拱二墩三孔平桥，桥长20.7米，宽1.7米，桥墩用石块、灰浆垒筑，桥拱及桥两侧用青砖修砌，再填以石浆荡平。中华人民共和国成立后，因开公路通入上茆硫铁矿场，桥南一孔及桥面基本被填没，现仅存两孔，但桥仍相当坚固。

四、深圳市

深圳永兴桥

永兴桥（图4-71）位于宝安区沙井镇新桥村西面的桥头村侧，清康熙年间（1622—1722年）监生曾桥川建，日久倾颓，清乾隆五十年（1785年）武生曾大雄、钦赐翰林曾联魁、贡生曾腾光、曾应中等倡捐重建。1997年再次拨款修葺。该桥为三孔墩式石拱桥，桥长50米，宽3.4米，桥洞3个，洞高约5米，上列栏杆，望板上有龙凤浮雕图案，桥头望柱圆雕生动的狮子。全桥为花岗岩石砌筑，结构严谨，造型美观，是深圳仅存的一座三孔石拱桥（图4-72）。

图4-71　永兴桥

1984年，永兴桥被公布为深圳市文物保护单位。

五、东莞市

1.大汾连步桥

连步桥［图4-73（a）］位于万江区大汾村，为明嘉靖年间大汾乡人何应阳建，后裔何启亨于清康熙年间重修。连步桥为红砂岩砌筑的单孔石拱桥，桥长15.7米，宽3.6米，高4.8米，孔高4.5米，孔跨5.5米，为适应水乡潮汐水位差落较大的特点，桥拱较高。

《大汾何氏族谱》记载："连步桥头钟韵，桥下有神奇梵语，交峙远近，登斯桥边，钟声袅袅，随风送至，音韵悠扬。"

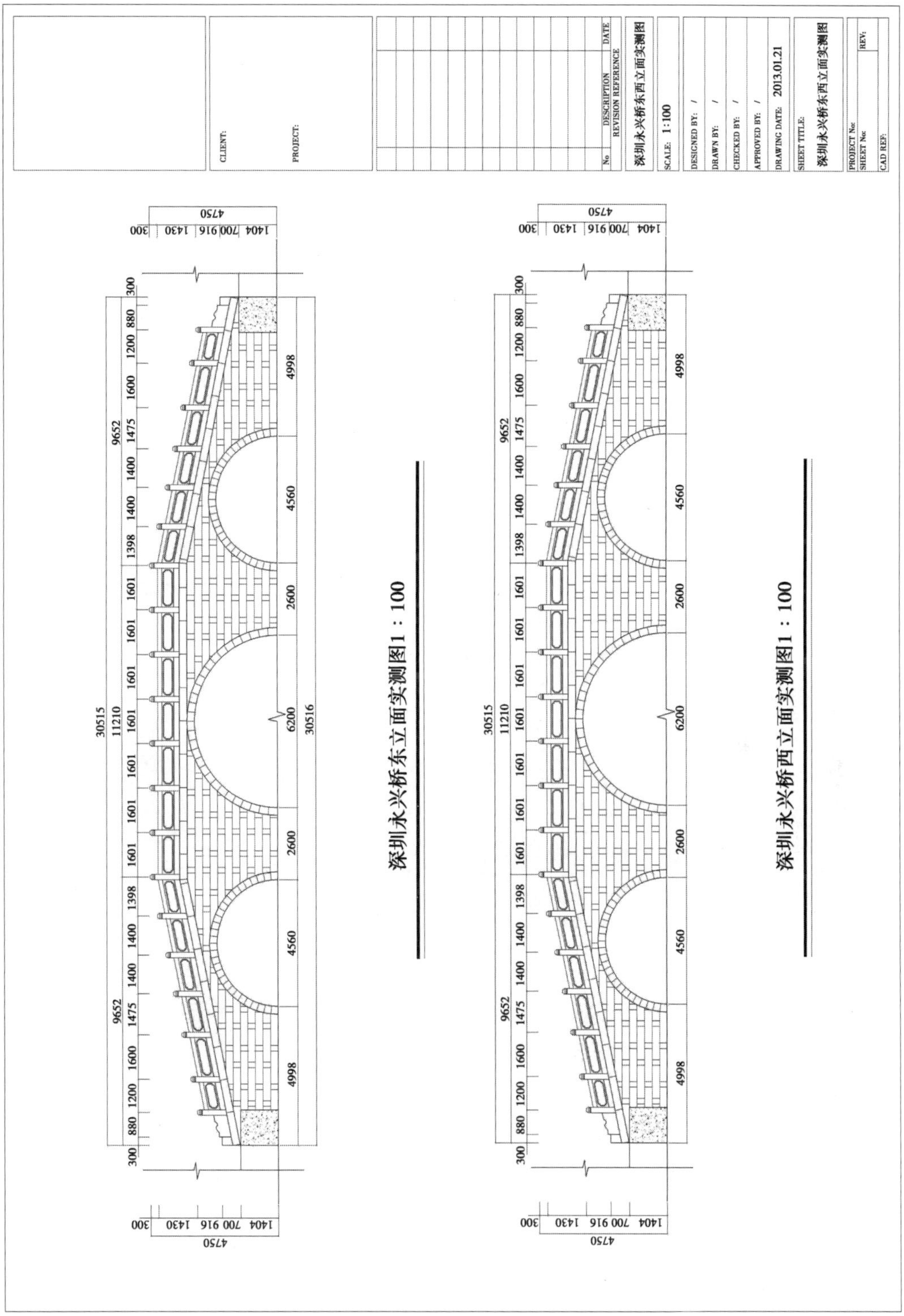

图4-72 深圳永兴桥东西立面实测图

2.大汾种德桥

种德桥[图4-73(b)]位于万江区大汾村,为明嘉靖年间大汾乡人何应阳建,后裔何启亨于清康熙年间重修。种德桥为红砂岩砌墩式平拱桥,桥长13米,宽4.1米,高3.1米,孔跨4.1米,孔高2.3米,与连步桥如同"姐妹"。

《大汾何氏族谱》记载,种德桥地处大汾中枢,"桥下风帆桥上人踪,往来相继,最为区要""日里尘嚣,夜间闲静可亲"。"种德桥夜日"为"大汾十二景"之一。

3.大汾青云桥

青云桥[图4-73(c)]位于万江区大汾村,明万历年间大汾乡人何景瞻等筹建,清同治二年(1863年)重修,为梁式平拱桥,长17米,宽4.1米,高3.4米,孔高2.3米,孔跨4.8米,桥身由红砂岩构筑,桥面栏杆和望柱为花岗岩,有浓郁的水乡特色。

(a)大汾连步桥　　(b)大汾种德桥　　(c)大汾青云桥

图4-73　大汾古桥

"青云浦里渔歌"为"大汾十二景"之一。《大汾何氏族谱》记载:"每当潮长溪头,欧鸟寻盟,浦里渔歌互答。眺玩于斯,愈畅雅怀。"

4.东莞福庆桥

福庆桥位于东莞市袁家涌村北,清嘉庆五年(1800年),由当地绅士袁泰来倡议兴建。福庆桥为三孔石桥,长21米,宽2.8米,中间孔径5米,两侧孔径4米,两桥墩均用麻石镶砌。桥面铺砌长条麻石,中央部位的每条麻石长55米,宽0.7米,厚0.65米,涨潮期间桥底离水面2.2米,桥栏也用麻石砌成,上面雕刻着麟麟吐书等各种动物、花草图案。桥侧榕树绕堤,蜿蜒伸展,浓荫覆盖,与石桥、河涌相映成趣。

六、惠州市

1.博罗会仙桥

会仙桥(图4-74)位于惠州市博罗县罗浮山白莲湖畔,是一座单拱石桥。桥长6米,宽

2.9米,高3米,桥面为青麻石条砌成,柱头均雕有花纹承四方体。相传宋绍圣元年,苏东坡到罗浮山,酒后巧遇一村姑,诗兴起,吟起"寻幽探胜入罗浮,乘醉策杖觅归途。雨后山花香更美,村姑回眸胜仙姑"的打油诗。村姑见其放肆,回敬道:"东坡游罢过西湖,举杯邀月作狂徒。是非只为多开口,记得朝廷贬你无。"苏东坡顿时心头一惊,知遇仙姑,待回头寻找时,却遇倾盆大雨,溪水暴涨冲走了木桥。恰遇铁拐李路过,铁拐李把铁拐变成了一座桥,让苏东坡过了溪。后人为纪念苏东坡、何仙姑、铁拐李相遇而建此桥纪念。桥板正中刻有"会仙桥"三字,为台湾著名爱国诗人丘逢甲于清宣统三年(1912年)所书。

图4-74 会仙桥

2.博罗保宁桥

保宁桥(图4-75)位于惠州市博罗县罗阳镇观背村,宋德祐元年(1275年)建,该桥南北长31.4米,东西宽4.5米,高7米。桥南段用青石砌筑,长11.4米,北段用红石砌筑,长20米。桥碑刻有"保宁桥"三字,后被破坏。据《博罗县文物志》记载,明景泰七年(1456年)、清乾隆十八年(1753年)都对保宁桥进行过修葺,1972年,保宁桥北段红石曾出现风化,造成桥体部分下塌,后当地村民成功将塌陷部分修复好。现保宁桥下的河涌已经干枯,逐渐被泥土填埋,成为了一座"旱桥"。

3.惠东甜济桥

甜济桥(图4-76)坐落于惠东县高潭镇西面的泔溪村,始建于清道光十九年(1839年),桥长21.2米、宽3米、拱跨12.2米,是惠州市仅存的三座单孔石拱桥之一。修桥之前,村人要渡过甜溪,只能通过一条由黄泥筑成的便桥,但是甜溪"水势奔腾,石牙峻险",遇到洪水时

图 4-75　保宁桥

经常有人丧命,村民要外出,非得渡过甜溪不可。为此,村里乡绅联合村民,用村里的公款和每家自愿捐的钱款,请来工匠砌石成桥。甜济桥建成距今已有 180 余年,历经洪水的侵蚀和战火的破坏,至今仍屹立不倒,足见当时高超的建筑工艺。

图 4-76　甜济桥

4.拱北桥

拱北桥（图4-77）位于惠州西湖平湖北面的湖水出口处，俗称"五眼桥"。北宋治平年间（1506—1521年）由太守陈偁筑堤围湖时建，拱北桥为砖石结构，长40米，宽8.4米，高8.7米，至今已有500多年历史，历代均有维修。1925年东征时，黄埔军校师生经此桥攻打惠州北门。现桥头建有黄埔军校东征阵亡烈士纪念碑。拱北桥造型古朴，建筑牢固，是西湖历史上著名的六桥第二桥。春暖花开，湖水入江时，"滚雪流珠"是湖上名景之一。拱北桥是惠州千年官道上的桥梁，也是西湖泄洪东江的通道。

图4-77　拱北桥

七、中山市

1.香山学宫泮池拱桥

香山学宫泮池拱桥又称"状元桥"（图4-78），位于中山市石岐区莲新社区人民医院内，原为香山学宫的附属建筑，建于明代，清代重修。该桥为单拱石桥，南北走向，横跨半月池，长13米，宽2.2米，高3米。拱桥两边均有雕花石栏板、石狮望柱头，造型美观。20世纪50—80年代，香山学宫原有建筑陆续被拆除，原址改建为中山市人民医院，现仅存泮池拱桥。该桥作为香山学宫唯一现存的建筑，具有较高的人文与历史价值。

1990年，香山学宫泮池拱桥被公布为中山市文物保护单位。

2.双美桥

双美桥（图4-79）位于小榄镇北街，横跨于永宁北村大街与蓝田大街之间的河上。明洪武元年（1368年）、明嘉靖四十年（1561年）重建，清康熙五十五年（1716年）十月，何圣强重

图 4-78   香山学宫泮池拱桥

修,清道光二十年(1840 年)十月十五日,合乡第二次重修。双美桥为单孔拱形,长 18.5 米,宽 3.16 米,高 4.5 米,由多块红色花岗石拼砌而成。南北走向偏东 30 度,南有 8 级步级,北有 10 级步级。东面上方刻有"康熙伍拾伍年丙申孟冬吉旦岁进士何圣强重修"字样,下方刻有"双美桥"字样,上款刻"嘉靖岁次辛酉",下款刻"孟秋吉旦重修"。西面石刻为"道光贰拾年岁次庚子十月十一日阖乡重修"。现该桥保存完好。

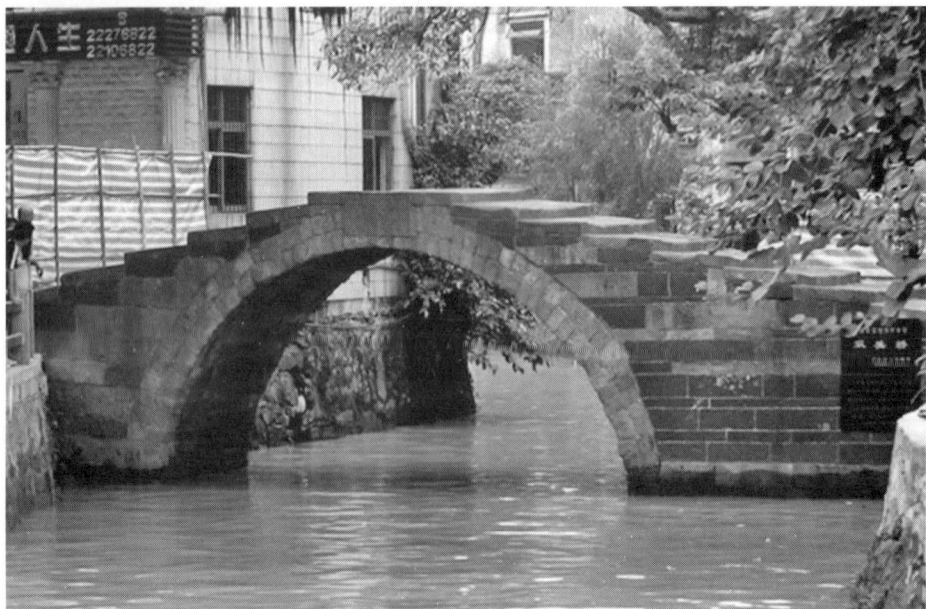

图 4-79   双美桥

1990 年,双美桥被公布为中山市文物保护单位。

八、江门市

1.官路桥

官路桥(图 4-80)位于恩平市圣堂镇三山村,横跨潭流水,是由 180 多块打磨精致的巨型花岗岩石块砌成的单拱石筑拱桥。桥长 24 米,桥面宽 2.8 米,桥高 9.8 米,水面至桥底 7.8 米,单拱跨度为 12 米,桥头分别砌三级石梯,桥面设石砌栏板望柱,两端置踏跺。单拱跨度之大,是比较罕见的块石砌拱桥梁。官路桥原名"广济桥",是通向肇庆的古驿道,在恩平历史上发挥过重要作用。古驿道起点位于恩平市良西的潭流渡(古城址),途经圣堂官路桥,沙湖水口六驳桥等地,终点为肇庆。由于当时恩平属于肇庆管辖,该桥是县城通往府城的交通要道,所以又称"官路桥"。官路桥建筑工程艰巨且复杂,与当时恩平其他的顶架驳桥不同,其建筑结构、图样设计及工艺,都代表了一流水准,堪称恩平古桥一绝。官路桥造型美观、结构紧凑,体现了古代桥梁的建筑艺术。清代岭南诗人徐枝芳题诗曰:"一河阻隔道难通,巧夺天工现彩虹。沧海曾经群策力,桥成官路路西东。"此桥建成后,官民称赞,对百姓来说,每当春种秋收、趁圩赶集或是探亲访友,就不用涉水过河,官府公事往来,也畅通无阻。

图 4-80　官路桥

2.琴溪古桥

琴溪古桥(图 4-81)位于台山市北陡镇琴溪河下游,明末清初建,是一座别具一格的双孔石拱桥。琴溪古桥长 24 米,宽 2.8 米,高 6.5 米,桥孔跨度 9.3 米,古桥两旁各砌有 10 节长 2 米的护栏,桥面铺有本地优质的花岗岩石板,两头砌有 12 级石阶,桥东西坐向,在中间桥墩的设计上,加宽了桥墩的肩部,两端各伸出 1.3 米,两端部位筑成正方状,削减流水的阻力,防止山洪对桥梁造成的影响。

图 4-81　琴溪古桥

3.惠济桥

惠济桥(图 4-82)位于沙坪镇玉桥村北面,横跨沙坪河两岸。清道光五年(1825 年)建,是江门五邑地区保存最完整,也是最长的石拱桥。该桥为四墩三孔拱桥,均用花岗岩石砌成,桥长 26 米,东引桥 11 米,西引桥已被堤围覆盖。桥面宽 3 米,两侧各用 15 块潮石组成栏板,高 0.6 米。栏板之间用望柱连接,用榫卯使其互相紧扣,一直延伸至引桥。桥面接引桥呈扇形,向两面张开,使桥头宽敞开阔,便于过客分流。桥身底面用条石纵联迫拱砌置,形成 3 个弧形券拱,跨度均为 7 米,拱孔下可通航小船。整座桥的石块错缝铺砌,结构紧密,线条简洁,工整对称,坚固美观。惠济桥曾是鹤山沙坪至高明、肇庆等地的交通要道。1992 年政府拨出专款重修东面桥墩及水下基础工程。

1983 年,惠济桥被鹤山县人民政府公布为文物保护单位。

图 4-82　惠济桥

4.见龙桥

见龙桥(图 4-83)位于新会区双水镇富美村,横跨富美坑,俗称"九孔桥""九眼桥",是当地富美村与邦龙村的重要通道。见龙桥始建于明代,原为木桥,清雍正十三年(1735 年)由邑人张钟沛等倡议捐建改为石桥,后在清乾隆年间、民国多次维修。见龙桥为悬臂式全石结构,十墩九孔,长 73 米,跨长 64 米,宽 2 米,共有 10 个桥墩,形似船形,上下游均作尖三角形,以减轻河水对桥墩的冲击。桥两端设有台阶及引桥,桥面两侧有望柱、栏板。桥中央两边栏板分别刻有"见龙桥"和"民国二十二年重修"字样。见龙桥是新会区现存最长的古桥。

图 4-83　见龙桥

1995 年,见龙桥被公布为新会市(今新会区)文物保护单位。

5.济川桥

济川桥位于蓬江区棠下镇中心村陈田围,始建于清康熙四十六年(1707 年),原为木桥,清乾隆三十五年(1770 年)重修时改为单孔券石拱桥,全桥长 30 米,桥长 6.9 米,宽 2.3 米,单孔净跨 9 米,桥拱高 3.45 米,用暗红的红砂岩石块砌筑。济川桥结构古朴,是新会区现存最长的石拱桥。

1995 年,济川桥被公布为新会市(今新会区)文物保护单位。

6.跨龙桥

跨龙桥位于江海区礼乐街跨龙村南胜里,据资料记载,跨龙桥又名"网顶石桥",清乾隆二十五年(1760 年)建。红砂岩砌筑起拱,桥长 13.8 米,宽 3.8 米,跨拱 5 米。桥面栏板以望柱相连,桥拱上方中侧有阴刻楷书"跨龙桥"三字,字长、宽各 0.3 米。上、下桥均有 13 级台阶。

7.南溪桥

南溪桥坐落在江海区礼乐街新街街头,建于清乾隆四十四年(1779 年)。据清道光二十一年(1841年)编纂的《新会县志》记载:"南溪桥旧为木桥,在礼乐南溪水,康熙十五年西寇掠乡,桥废,济以舟。乾隆四十四年易以石巩"。南溪桥是一座单拱桥,桥长12.7米,宽2.5米,跨拱4.8米,花岗石砌筑起拱,桥拱上方中侧阴刻楷书"南溪桥"三字,字长、栏板与望柱连接,上落均有15级台阶。

8.中正桥

中正桥坐落在礼乐镇威西村迎龙里,连接着威东村和威西村,为清道光年间建的单拱石桥。桥长14.6米、宽3.2米,跨度4.9米。桥拱上方中侧阴刻楷书"中正桥"三字,字长、宽各0.22米,上落均有15级台阶。中正桥于2002年进行了重修,原红砂石结构的栏板,已被水泥所替代。桥拱上方内侧还有八宝图案可见,相传只有古代有功名的人才能用八宝图案,可见当时建桥者身份高贵,也因如此,中正桥又名"八宝栏河桥"。在桥拱下方尚有红砂岩材质,仍如初建时,为行人做基石。

第三节 廊 桥

封开泰新桥

肇庆市封开县位于广东省西北部,居西江上游,毗邻广西梧州市,是广东通往广西及西南各省的咽喉要地,素有"两广门户"之称。封开历史悠久,曾是岭南与中原地区经济、文化交流要地,是岭南文化的发祥地。据史料记载,公元前111年,汉武帝在岭南设交州,下辖两广及交趾(今越南)地区,刺史治所就设在封开,封开因此成为整个岭南地区最早的首府。封开在汉初取名"广信",谓"初开粤地宜广布恩信也",这个名字一直沿用到南北朝。至宋代更将广信以东划为广东,广信以西划为广西,广东广西得名由此而来,广州之名也源于此。

泰新桥(图4-84)位于封开县平凤镇平岗村,始建于明嘉靖十二年(1533年),清嘉庆年间(1812年)重建,为梁柱式廊桥,桥长10.89米,宽3.4米,桥上有涵盖全桥的桥屋,桥屋面阔三间,进深三间,为歇山式屋顶。屋梁为抬梁式,其形制类似于宋代《营造法式》一书中的"四架椽架屋前后乳栿用四柱"的式样。乳栿外接挑梁承托檐擦出檐,柱头隐刻圆栌斗直接承托擦子,次间梁架比明间梁架增高,以使屋檐形成缓和的曲线向两边生成。梁架间以驼峰斗拱承托,驼峰上刻有如意纹,明间两侧驼峰上刻有"鱼跃龙门""双狮戏球""丹凤朝阳""麒麟献瑞"及卷云纹图案,并铺金描彩,桥上悬挂着"中流砥柱"古匾的坛位(图4-85)。平梁正中置驼峰,驼峰隐刻栌斗,承一斗三升拱,上承三角形枕木,脊搏截面为圆形,顺脊串砍作腰鼓形,其两端雕刻花纹。屋顶脊为饰灰塑卷草纹,脊身为灰塑浮雕卷草花纹,盖瓦方式为蝴蝶瓦。桥墩是方形石柱,每墩用四条石柱排成一列,共四列,每列相对桥屋的各缝梁架。柱顶有梁楣,柱可以穿枋连接。各柱列中穿枋与楣梁之间置蜀柱承接。石柱脚以较平整的石块垫承,不施斧凿。柱上架梁,梁上铺以桥板。柱础下面是一道与桥身长短相等的"石堤",是利用河床中的大块原生石抛填而成,造成"抛石成堤"的筏形基础。

泰新桥是广东省唯一一座保存完好的古廊桥,穿斗与抬梁混合构架,其建筑精巧,造型古朴,具有浓厚的地方特色,桥上部分保留了唐宋时期木结构桥梁的古制,堪称南粤古桥的奇葩。

图 4-84　泰新桥

图 4-85　泰新桥"中流砥柱"古匾

1989 年,泰新桥被公布为广东省文物保护单位(图 4-86)。

图 4-86　泰新桥文物保护单位石碑

第四节　尚未列入文物保护单位的历史桥梁

有的历史桥梁因地处城镇郊外,人迹相对罕至;有的历史桥梁因其形制处于后期样式,装饰、结构艺术不强;有的历史桥梁因其处于自然荒废的状态;有的历史桥梁因受到人为破坏,逐步消亡。种种原因使得这些古桥未被列入文物保护单位行列。具体如下所述。

一、广州半溪桥

半溪桥(图 4-87)位于泮塘五约八巷,半溪仁威古庙后,榕树旁立着一块清同治年间重修的"半溪"二字石碑,一座花岗岩门亭,门亭左右是一副石刻的对联,"门接水源朝北极,路迎金气盛西方"。

二、广州小洲村翰墨桥

小洲村内水道纵横,有 50 多座大大小小、各式各样的石桥。石柱桥、石板桥、石栏桥、石拱桥成了这里的特色。建于明代、坐落在河道第一个弯位的翰墨桥(图 4-88)是全村唯一一座建有低矮石护栏的古桥。

三、番禺渭水桥

渭水桥(图 4-89)位于广州大学城北亭村,桥长 9.98 米,桥面宽 1.8 米,是三块长石并成的梁式桥,长石为花岗石,石端凿成两级,连同下面的花岗石与红砂岩混合组成的石级一共 9 级,没有雕栏装饰。桥南两岸东、西两侧各建有桥门坊的门楼,东门楼称"乔门",西门楼称

图 4-87　半溪桥

图 4-88　翰墨桥

"渭水"。

根据碑文记载,修建此桥的人姓崔,曾任雍州刺史(在陕西、甘肃一带),在渭水河上建了"渭水桥"。为了缅怀先祖,后人仍把桥命名为"渭水桥"。据说此渭水桥始建于南宋,如今已不能考证,重修碑记是清乾隆十五年(1750年)春所立,也已历经270多年。

图 4-89   渭水桥

四、番禺接龙桥

接龙桥(图4-90—图4-92)位于番禺区石楼镇大岭村西,与龙津桥仅百步之隔,横跨大岭村玉带河上。接龙桥始建于清同治年间,为东北走向,一拱二墩,用花岗岩白石砌成。该桥年久失修,残缺严重,于2007年12月按原貌进行修葺。

图 4-90   接龙桥

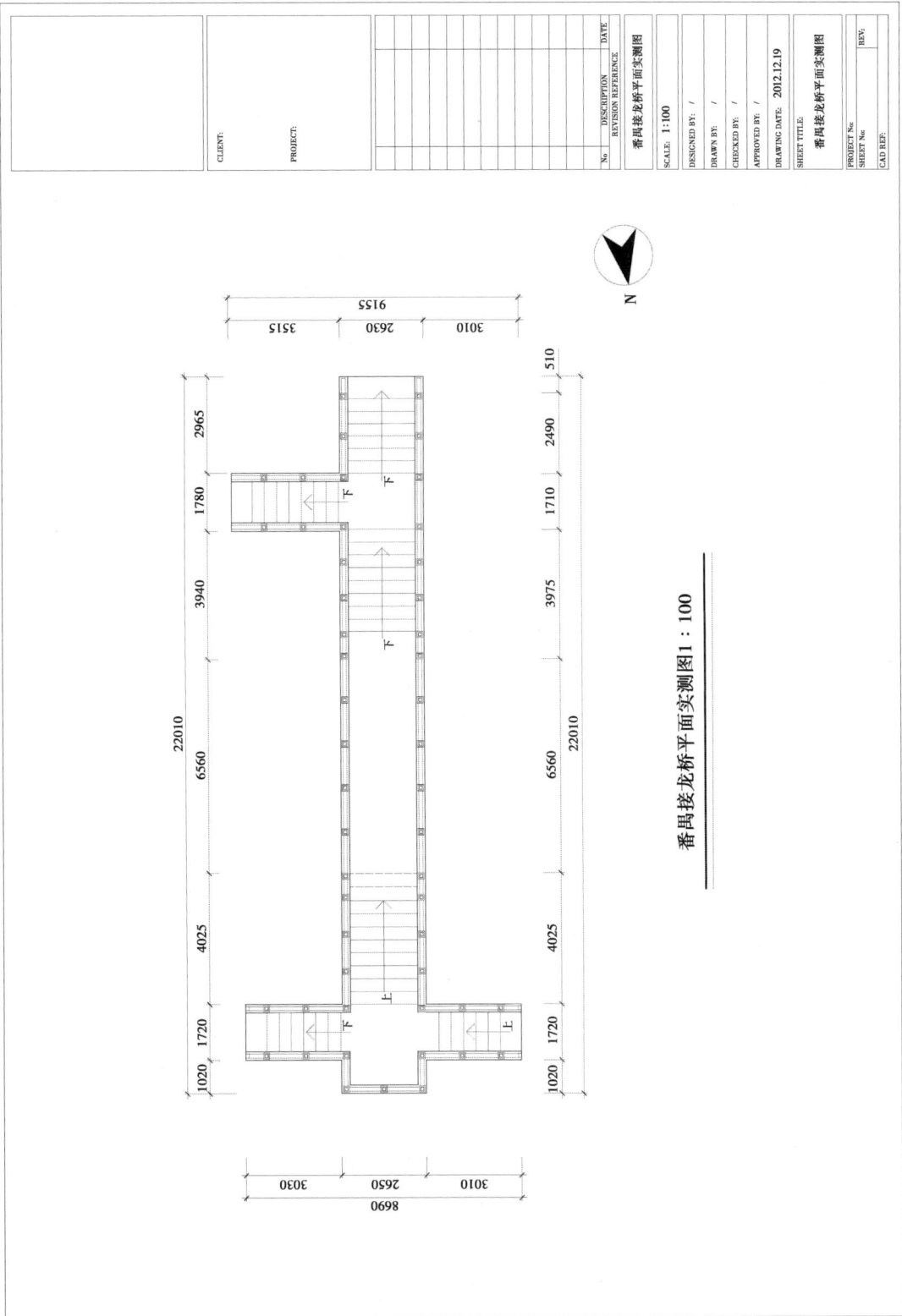

番禺接龙桥平面实测图 1 : 100

图4-91　番禺接龙桥平面实测图

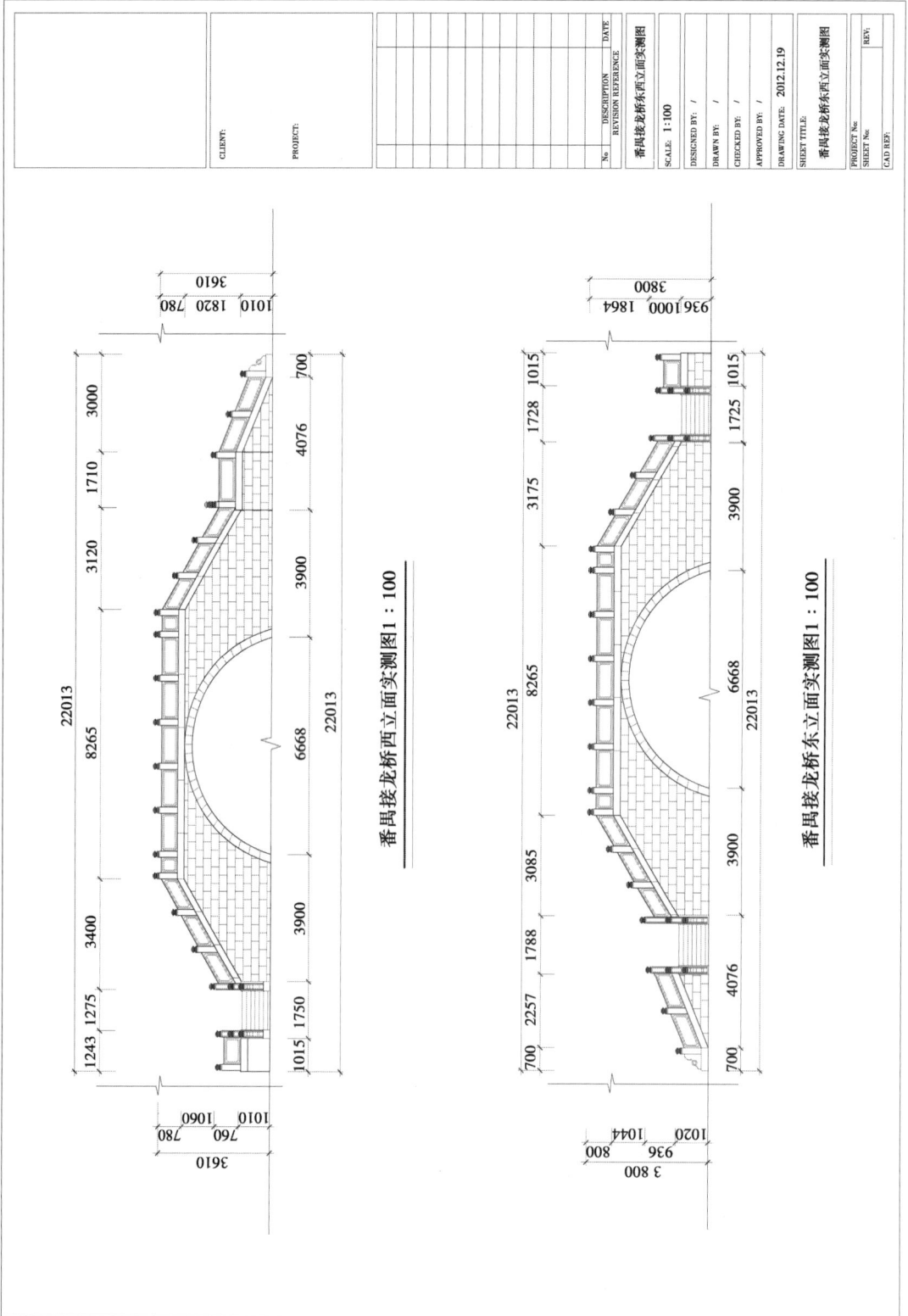

番禺接龙桥西立面实测图 1 : 100

番禺接龙桥东立面实测图 1 : 100

图4-92　番禺接龙桥东西立面实测图

五、花都青云桥

青云桥又名"玉带桥",位于花都炭步的塱头村东头,跨鲤鱼涌,建于明正德二年(1507年),南北走向,由该村乡贤黄皞捐资修建。清道光五年(1825年)重修,清光绪十九年(1893年)再次重修。

青云桥原为红砂岩石桥,清代重修时改用花岗岩砌筑。桥面两侧有石栏杆,两端有10余级石阶。桥西侧嵌一石圃,阴刻"青云"两字,笔力苍劲,据传是黄皞手书。上款刻"前明乡贤栎坡公建",下款刻"光绪癸巳阖乡重修"。桥长20.9米,宽4米,高4.7米,有两孔,每孔以20块花岗岩砌成,呈拱形,桥身基本完整。1958年桥面改作渡槽。据《花县志》记载:"前明黄皞,号栎坡。朗头乡人,仕正德朝,当时士民有铁汉吏之目。忤刘瑾,放归故里。因于村左建青云桥,以便行人。越年,官滇南参政。五子一婿相继科第。术者谓,桥之形胜也。"

六、顺德杏坛引龙桥

引龙桥(图4-93)位于杏坛镇古朗村,建于明代,清代重修。

图4-93　引龙桥

七、顺德杏坛起凤桥

起凤桥(图4-94)位于杏坛镇古朗村,建于明代,民国重修。

八、顺德杏坛跨鳌桥

跨鳌桥(图4-95)位于杏坛镇古朗村,建于明代,晚清重修。

九、顺德容桂秀桥

秀桥(图4-96—图4-98)位于顺德容桂四基水乡叶地长塘巷尾,民国八年(1919年)建,桥长19.6米,宽2米,为单孔花岗岩石拱桥。桥洞上方刻有"秀桥"二字。该桥形态优雅秀美,富有艺术气息。

图 4-94　起凤桥

图 4-95　跨鳌桥

图 4-96　秀桥

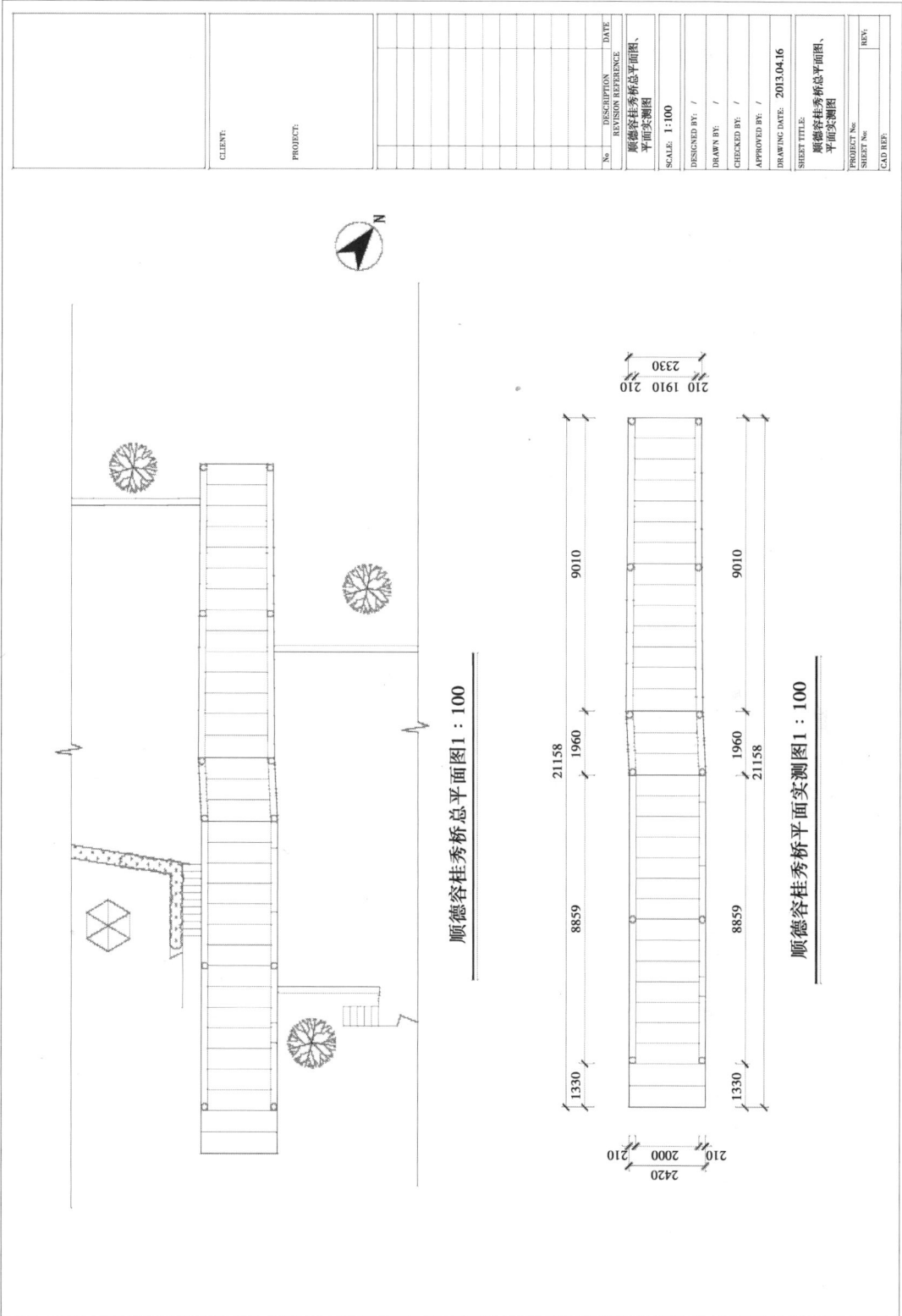

顺德容桂秀桥总平面图1：100

顺德容桂秀桥平面实测图1：100

图4-97 顺德容桂秀桥总平面图及平面实测图

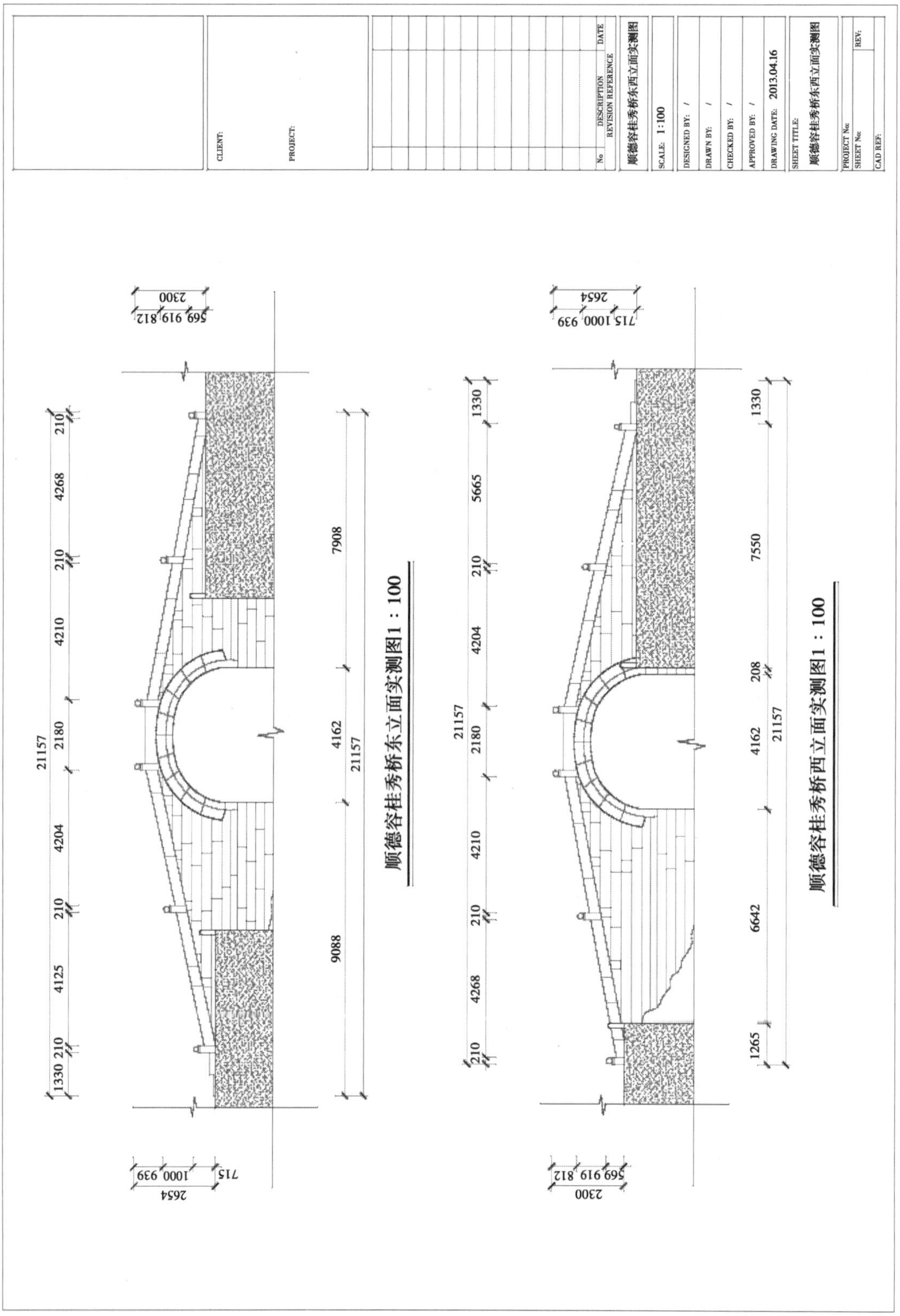

顺德容桂秀桥东立面实测图1：100

顺德容桂秀桥西立面实测图1：100

图4-98　顺德容桂秀桥东西立面实测图

十、江门新会步天桥

步天桥（图4-99）位于新会区双水镇东凌村,始建于清乾隆年间,民国二十七年（1937年）重修,该桥横跨东凌涌,东接东凌,西接天亭墟,桥长34.2米,宽2.8米,为四墩三孔全石结构拱桥,桥墩为船状,有利于分洪,减少洪水阻力,两端有石阶及引桥,桥面有壁柱栏板,中央栏板刻着"步天桥"三字,是一座集岭南桥梁建筑艺术和珠三角地区水乡人文景观特色于一体的古桥。

图4-99 步天桥

十一、惠州跃鲤桥

跃鲤桥（图4-100）位于麻溪河元岭大队河段,元岭大队部东南方向耀鲤山的西端,建于清光绪十七年（1891年）,单孔砖石拱桥,桥长18米、高8米、宽2米、拱跨14米。桥拱部顶端厚度仅0.38米,上面刻着"跃鲤桥"三字石匾,充分体现了跃鲤桥高超的建筑工艺和轻盈优美的线条。

据村里老人回忆,跃鲤桥原本建有石栏杆,东西桥头还有避雨亭和"桥伯公"石人像。抗日战争爆发后,全被日军拆除。如今,跃鲤桥虽桥身结构完好无损,但已失去了原有功能,跃鲤桥上下长满杂草,随着时代的变迁,彻底地沉寂下来。

十二、惠东县平政围东门古桥

东门古桥（图4-101）位于惠东县吉隆镇平政围东门,呈东南往西北走向,桥长约50米。桥面用12块花岗岩长条石架设,连接南北,石宽为0.4~0.5米,厚为0.3~0.4米。桥下以单石为桥墩,承托石条相接处,用木桩固定桥墩。

图 4-100   跃鲤桥

图 4-101   东门古桥

十三、惠东县铁涌镇新寮村古石桥

铁涌镇新寮村有一条"板凳形"的古石桥(图4-102),该桥长约20米,桥面铺有3条花岗石板,共分7段,设有6座桥墩,中间的桥墩为实心石桥墩,与两边板凳状桥柱不同,中间桥墩的石材与桥面及其他桥墩不同,估计是后期维修时改建。这座简便的石梁桥将桥柱分别向上、下游倾斜成八字形,以增加桥柱横向力,抵御水流的冲击。这类"板凳形"的桥柱,看起来极为单薄,结构却相当结实。

图4-102 古石桥

第五节 园林桥梁

一、岭南园林特色

明计成的《园冶》称:"多方胜景,咫尺山林""虽由人作,宛自天开"。园林中最简单的桥梁是踏步桥,如顺德清晖园踏步桥(图4-103),建造得最多的桥是石板小桥。因为咫尺山林,水面不广,小石板桥足以解决跨水的问题,并借以连接园中各景。当桥梁有了一定规模的尺度时,桥便自成一景。中国园林之中,喜用轮廓曲折、自然的池沼。而池沼之中,又喜建造水亭、水榭或水阁,或三面临水,或四面临水,用小桥连通。宋代李质《请诗亭道》道:"天波万斛泻镕银,跨水横桥立构新;但取真堪濯缨意,玉阶金阙本无尘。"横桥接水亭,取其清净无尘的境界。岭南园林的规模相比江南园林要小得多,以建筑空间为主,适当地结合一些水石花木,以增加园林的自然气氛和观赏价值。宅居和园林融为一体,表现出园主人追求朴实的自然生活。

广州番禺余荫山房的浣红跨绿桥(图4-104)是园林桥梁的代表之作,余荫山房又称"馀荫园",建于清同治三年(1864年),距今已有150多年的历史。全园占地面积仅有1598平方米,建筑布局却非常精巧、藏龙卧虎而不露。桥廊景观呈现"浣红跨绿",拱桥园池水碧波涟漪,池中荷叶蔔匋,廊桥横卧莲池之上,造型小巧玲珑,桥廊全长仅20米,但把桥、廊、亭、

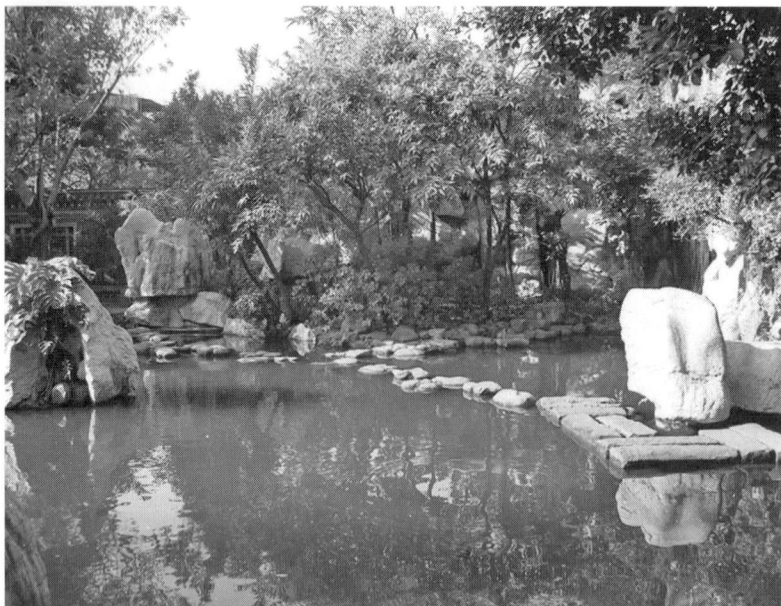

图 4-103　踏步桥

栏巧妙组合,缩龙成寸,浑然一体,十分精致。该廊桥把园区分隔成东西部分,西部曰"红雨",东部曰"绿云",故名"浣红跨绿"。东西两部分的景物,通过"浣红跨绿"拱桥有机地连结在一起。回廊、花窗、影壁巧妙借景,使得小小园林显得园中有园,景外有景,幽深广阔,扩大了园林的空间感,丰富了景观层次的变化,总有观之不尽、赏之无穷之感。

　　建于清乾隆年间(1736—1795 年)的广州福荫桥(图 4-105),又名"六松园古石桥",因福荫院被拆,迁进醉观花园的"盘景园"而得以保留。该桥基本保持原貌,与园景融为一趣,为园景小桥。

图 4-104　浣红跨绿桥

图 4-105　福荫桥

二、园林桥梁与其他桥梁的区别

园林桥梁与其他桥梁最大的区别在于艺术性和功能性的侧重点不同。园林桥梁不仅可以满足游人的欣赏,还可以为整个园林增加一分灵韵,从而点活整个园林山水景观。除艺术性外,园林中的桥梁还具有分割园林空间的作用。在园林空间中,水系是不可或缺的部分,园林中的湖和河同时也影响着整个园林景观。倘若湖面太小,容易给游人以狭促之感,如果湖面太大,又会使湖面景物显得比较单一,使得整个园林显得单调,缺少层次变化,而桥梁则可以很好地弥补这些不足。一般来说,曲桥适宜中小园林,如东莞可园九曲桥(图 4-106),该桥连接着绿绮楼与可亭,使得水面空间富于层次变化,景观的进深增加,延长了游览行程和时间,在曲折中改变游人游览的方向,做到步移景异,从而扩大了园林空间感。

图 4-106　九曲桥

纵观我国各地园林桥梁,种类繁多、形式各异、千姿百态,不仅有梁、拱、浮、栈各类桥式,还有廊桥、亭桥。这些桥梁不仅满足了游人的审美需要,而且其本身的艺术性也成为我国古代艺术的重要遗产。

第六节　桥梁装饰艺术

一、广东历史桥梁装饰艺术概况

中国传统建筑,无论是宫廷官吏建筑,还是地方民居,装饰纹饰皆具有广泛普遍性。桥梁装饰是古桥建筑艺术的精华,表现了一定的时代特征和民主民意。岭南古桥梁或寓玄意,或作禅思,或富有十分有趣的民间气息。岭南能工巧匠辈出,潮汕建筑石雕艺术更是瑰丽多姿、内容丰富、技艺精湛。桥梁装饰也特别讲究,风格独特,展现了岭南地区匠师的艺术才能和精湛技艺。各种类型的古桥有相同,也有不同的装饰形式和内容。桥梁装饰按部位主要体现在桥头建筑、桥上建筑、桥梁栏杆、桥联、桥亭等设施上,而且要与周边环境协调和谐,形成综合艺术美。

广东现存历史桥梁装饰艺术主要集中在桥梁栏杆上。桥梁栏杆丰富多彩、雕琢巧夺天工,反映了石雕技艺的高超水平。桥栏板和望柱通常雕刻有各种花卉、动物、人物和几何图案。望柱柱头常雕刻富有地方色彩的石狮或荷叶净瓶。桥栏两端收头设置抱鼓石,雕刻有祥云纹、卷花纹、花草纹、回形纹等图案。

二、广州番禺跨龙桥的装饰艺术

广州跨龙桥位于石碁镇新桥村南坊,始建于明代,在明洪武至清康熙五十一年(1712年)为木桥,是当时村民出行的主要通道。清康熙五十二年(1713年)改建为花岗岩石三拱石拱桥。清乾隆十一年(1746年)、清宣统三年(1911年)两度重修。据《番禺县志续志》中《拱桥碑记》记载:"洪武至今,桥凡四修,迄光绪丁未桥将圮,生员周宗屏暨周泰昭、胡琼天等重修,费白金二万二千两"。跨龙桥桥长25.3米,宽4.6米,全桥由白色花岗石砌筑,中间拱高3.76米,两边拱高3.6米,拱跨4.8米,两个桥墩两侧分别修建有分水脊,可减小流水对桥体的冲击,对桥梁起到保护作用。桥分三段,中段砌有三个弧形石拱承托桥面,桥头两端用花岗岩石砌成八级台阶作为引桥,桥面微拱,由长条形石块横竖相接铺砌,桥面两侧砌有高0.65米的石栏板和高0.85米的石望柱。跨龙桥石栏板镌刻主要集中在石栏板内侧,左右两边各有17幅(表4-1)。图案古朴大气,雕刻内容丰富,有着清代岭南建筑石雕艺术的特点,是广东石雕艺术的精品,有"龙飞九天""双狮戏球""梅花报喜""鱼跃龙门""麒麟献瑞""蝙蝠吉祥"及卷草纹等图饰纹样,种类繁多,形态各异。除此以外还刻有书卷、牛角、匕首、南瓜、橘子、案几等生活物品,惟妙惟肖,具有很高的艺术价值。同时也保存着许多重要的历史信息,彰显了岭南石匠师精湛的技术和艺术功力,是不可再生的文物。在桥外侧正中央镌刻"跨龙桥"三个大字。该桥至今保存较好,是连接新桥涌两岸的主要通道。

2008年12月,跨龙桥被公布为广州市文物保护单位。

表 4-1 广州番禺跨龙桥栏板的装饰艺术

广州番禺跨龙桥栏板的装饰纹样		
编号	从西至东(南立面)笔者拍摄	从东至西(北立面)笔者绘制
1		
2		
3		
4		
5		
6		

续表

广州番禺跨龙桥栏板的装饰纹样		
编号	从西至东（南立面）笔者拍摄	从东至西（北立面）笔者绘制
7		
8		
9		
10		
11		
12		

续表

广州番禺跨龙桥栏板的装饰纹样		
编号	从西至东(南立面)笔者拍摄	从东至西(北立面)笔者绘制
13		
14		
15		
16		
17		

本章小结

　　本章在介绍中国古桥形制的基础上,结合广东珠三角地区现存梁桥、拱桥、廊桥和园林桥梁的遗存状况,根据各地区现存古桥的具体实例进行分类分析,对部分尚未纳入文物保护单位的历史桥梁进行简单的介绍和分析,珠三角地区现存历史桥梁的基本形制,反映了珠三角地区的地域风格和时代特征。珠三角地区历史桥梁的装饰艺术主要表现在石栏杆上,以跨龙桥为例,图案古朴大气,雕刻内容丰富、手法灵活、形象突出,是广东石雕艺术的精品,为研究清代岭南建筑的石雕装饰艺术提供了参考。

第五章　历史桥梁的文化背景

第一节　桥梁渊源

　　岭南河网纵横,桥梁建设有着悠久的历史。汉至五代,是岭南桥梁的创建发展时期。广州南越国御园遗址考古发现的石板平桥,以两板巨石横架于水渠两边的石壁上,跨距为0.6米。桥身虽短小,却是我国现存最古老的石桥。南汉时期,以广州大北的流花桥最为著名,今七块石街路面还存有巨石,旧称"宝石桥"。清代《南海百咏续篇》称:"伪汉刘鋹,命黥徒采砺山之石,跨湖为桥,以通花药仙渊者也。其石光洁若玉,长丈有六,横三尺,厚二尺,平列如砥。"此石梁折今尺约宽1米,厚0.7米,长5米,也颇可观。

　　后因经济中心南移,宋代岭南地区建桥集中分布在城市和交通要道上。宋代石桥以福建的最为著名,有"闽中桥梁甲天下"之称,对粤东桥梁建造也有直接的影响。始建于南宋的潮州广济桥采用梁桥与舟桥结合的开合桥基本格局,开中外开合桥先例,"晨夕两开,以通舟楫",反映了建桥技术和利用材料的水平不断提高。宋代后,岭南各地修建了一批规模较大、技术水平较高的桥梁。广州南濠上建有花桥、果桥、春风桥,文溪上建有文溪桥、狮子桥、状元桥等。在惠州,苏轼捐修了横跨东江的东新桥,将连接西湖湖堤的浮桥改建为梁桥西新桥,"飞楼九间,尽用石盐木,坚若铁石",该桥曾是西湖六桥中的第一桥,现桥是1982年重建的花岗岩石五孔拱桥,桥长33米,宽9.8米。《顺德县志》记载有4座始建于宋代的石桥,其中建于南宋嘉定四年(1211年)的贞女桥,为五孔梁桥,长约30米,宽3米,桥面石每块长7.3米、宽0.7米。

　　明清时期,岭南地区兴建桥梁更为普遍,并对一些古桥进行了修缮和改造,现存古桥绝大部分是这一时期修建的。由于各地经济发展不平衡,经济能力和建筑水平也有高低,采用桥梁形制也各不同。

　　民国时期,建桥修桥是各地建设的一项重要内容。民国三十五年(1946年),广东各地抢修公路,修建公路桥梁1 395座。这一时期的建桥材料除了采用传统的木、石之外,还采用了钢铁、钢筋混凝土等新材料和先进的工艺技术。建于民国十八年(1929年)的广州海珠桥为三孔钢桁架桥,中孔石电动开圈式活动桥,是岭南桥梁史上钢铁桥的一个里程碑。民国二十三年(1934年)留学日本的黄勒庸自行设计建成开平合山桁架铁桥,长67米、宽9.5米,桥下无墩柱。

　　岭南桥梁中还有风雨桥一类,也称"廊桥""屋桥",以梁桥或拱桥上建有桥廊、亭阁得称。修建廊桥,除了方便行人过往避雨歇脚之外,还有其他原因,一是加重桥身质量以增强桥墩经受洪水冲击的抗力,二是挡雨防腐,三是美化桥梁外观的作用。因此园林中的桥梁有的采用廊桥、亭桥形式,有的在桥屋上设铺面为市,出租养桥还有经济效益。广东境内现存廊桥不多,最早的建于明代。修建于明嘉靖十二年(1533年)的封开泰新桥是廊桥的代表,清嘉庆年间重建,为三孔梁柱式廊桥,桥上有3间歇山顶桥屋,桥墩为4列16根方形短石柱,桥墩、屋架和桥栏部分保持了唐宋时期木结构梁柱古制,实属难得。岭南桥梁就形制而言,浮桥、梁桥、拱桥、悬臂桥、索桥、跳墩子均有,而广东现存古桥主要是石梁桥、石拱桥。

第二节　历史桥梁的美学价值

"桥梁美学"一词,在第二次世界大战之后逐步为桥梁界所接受。1976年,联邦德国桥梁专家莱翁哈特(Leonhardt)在第十次世界桥梁和结构会议上号召各国在桥梁学会下开设桥梁美学分会,得到若干国家的响应。

历史桥梁不仅作为交通设施的构造物,而且也是一种空间艺术结构物,存在于人们的社会与文化生活中。希腊毕达哥拉斯学派认为"美是和谐""和谐是杂多的统一"。历史桥梁的美学价值关键在于与周围环境的协调统一。有美学专家曾经说过,好看的桥梁并不需要付出更多的造价,美丽的桥梁多半是经济的,这是因为只要采用合理的规划和设计方法,使之与环境协调,使技术和艺术相互补充而不是相互矛盾,就能同时达到经济与美学完美结合的效果。广东现存历史桥梁一般处于旧城区,其精神场域,能触发人们去缅怀历史、解读地方文化。历史桥梁功能更变,立足桥梁景观,与历史街区复合共同构成有机的景观整体,注重环境场所的营造,构建相应的生态体系,不仅能让历史桥梁延长其寿命,在良好的环境下存在,同时也能提高城乡的文化品质,增加城乡的游憩空间,保护城乡历史人文环境可持续发展。

一、桥梁形态与环境协调

任何一座桥梁都有着与其相适应的"生存环境",谋求与其周围环境的有机结合,取得整体的和谐统一,是景观桥梁的最大特点。我国桥梁建筑历来是功能与艺术的结合,以千姿百态之势融合于自然之中,既造福百姓,促进城乡发展,同时又给予人们美的享受。中国古代桥梁建筑特别注重与自然环境的协调,善于利用地形、地貌效法自然,使桥与景融为一体、互相烘托、相得益彰。

历史桥梁景观是通过建筑本体的悠久历史来表现其文化属性、形象特征,形成特定的文化氛围,向人们述说桥梁的历史与传说、文化与精神、科学与知识,成为人们共同记忆、欣赏和游憩的场所。保护人文环境彰显魅力余韵是保留历史桥梁原来的自然景观与自然生态环境,保留自然水系,增加绿化,规划步行体系,使人亲近自然。在保留原有水系的基础上,对环境进行清洁整治,使建筑与生态环境密切共生共渗。广州毓灵桥,位于冲口杏花大街,横跨大冲口涌,是一座长25米,宽2.04米的清代三孔石梁桥。以质地坚硬的青花岗石砌筑,桥分3段,中间一段主桥长7.6米,左右两段各长6.25米,桥墩宽厚均为2米,两端有石阶式引桥。桥面部分由15节宽厚均为0.4米的完整石条组成。栏板每边是7块厚0.2米、高0.72米的石板,间以8条高0.9米的石柱镶嵌而成。整座石桥结构紧密,造型古朴,没有雕刻任何花纹图案。桥名"毓灵"是因历史上此地属钟秀乡,取其"钟灵毓秀"之意。20世纪60年代中期,该桥还是通往冲口轮渡码头的必经之路,后修建了芳村大道,该桥才失去了作为交通枢纽的作用。由于年久失修,该桥曾严重损坏,1990年秋得以修复。今古桥两旁红花绿树、蝶飞鸟鸣,是当地居民游憩的好地方。

二、桥梁比例、尺度与环境相协调

桥梁美学中的"比例"一般体现在两个方面:一是桥梁建筑整体或局部本身的长宽高之间的比例关系,二是桥梁建筑整体与局部或局部与局部之间的比例关系。此外,在实体与透空之间、封闭面与敞开面之间,也存在着比例关系。和谐的比例关系,是桥梁审美必不可少的特征。桥梁在考虑内部分割比例时,首先要处理好分跨,因为分跨的比例关系对桥梁整体效果和环境的协调影响很大。对桥孔跨径的布置,在我国古式拱桥中有不少三孔桥、五孔桥跨径之间的比例与黄金分割相吻合。深圳永兴桥,由于桥梁各部分的比例处理恰当,给人以稳定、匀称、端庄,与环境相协调的美感。

桥梁尺度即桥梁建筑与人或人们所看见的某些建筑细部(如栏杆、踏步等)之间的大小关系。尺度是与比例密切相关的另一个建筑特性,这一特性能让桥梁呈现出恰当的或预期的某种尺寸。一座座优美的历史桥梁,各部分的比例尺度无不是以匀称、协调而形成独具特色的历史人文景观的。

第三节　历史桥梁与城乡空间的亲缘关系

一、历史桥梁边缘化

20世纪80年代,随着改革开放进程的不断加快,广东经济快速发展,城乡建设也进入了一个蓬勃发展的新阶段。90年代后,人们的居住条件不断改善和提高,城乡建设日新月异,扩张速度有点失控,大量历史建筑被推倒、拆除、重建,历史桥梁就首当其冲。以推土机为先锋的城乡大建设,虽然使城市变得绚烂与繁华,但历史建筑却被严重边缘化。据不完全统计,近30年来,广东历史桥梁的破坏总数比以往100年的破坏总数还要多,而幸存的历史桥梁也只在各地零散分布。城镇中心区域的历史桥梁,虽有文物部门颁发的"保护牌子",但保护状况不容乐观,保护空间不断被蚕食,没有缓冲的保护地带,缺失原来的景观风貌,与周围的现代化建筑极不协调;城镇郊外区域的历史桥梁,有的人迹罕至,处于自然荒废的状态;乡村要道的历史桥梁,因村民管理、认识水平有限,随时面临着舍弃、破坏、拆除、重建的危险;位于公路主干道区域的历史桥梁,因其不能满足现代化交通的需要,多已改建为现代公路桥,失去了原来的艺术价值。

二、保护城乡历史桥梁的价值意义

土耳其诗人纳乔姆·希克梅曾经说过:"人的一生中,有两样东西永远不会忘记,那就是母亲的面孔和城市的面貌。"历史桥梁保存着城乡历史的发展轨迹,牵引着河流水体、人文景观、空间布局,长期以来与人们的生活息息相关,是城乡的文化资本,是城乡的形象,是一笔珍贵的文化遗产。

　　广东城乡现代化发展是一个复合性的"大容器",体现了广东城乡发展的过程。城市规划理论家凯文·林奇说:"城市可以被看作是一个故事,一个反映人群关系的图示,一个整体分散并存的空间,一个被物质作用的领域,一个相关决策的系列或者一个充满矛盾的领域。"历史桥梁是城乡历史建筑的重要组成部分,与历史街区形成一个有机的景观整体,产生一定的文化魅力。历史桥梁是城乡历史的文化资本,激励着城乡经济的发展,在城乡现代化建设中应该予以保留,一是保留原来和谐、美的环境,二是保留历史桥梁所体现的真善美、所表现的城乡历史文化。"飞桥跨沼,林木拥之如画。"这是明嘉靖年间《广东通志》对广州流花桥的描写,明代李之世作《流花桥》:"山色长如此,水流无尽期,可怜桥畔柳,半是折残枝。"每座古桥都是一首诗歌、一幅画卷,都有着一个动人的故事或一段历史。惜韶光飞逝,岁月变迁,这座相传广州最古老的石桥竟没落于锦汉大楼后的一棵桂花老树旁的食肆中,仅存花岗岩长石(桥身石板)数块,桥侧行书"流花古桥",石刻蕴满沧桑,如图 5-1 所示。

图 5-1　流花古桥

　　城乡在发展,技术在进步,生活在变化,历史桥梁与城乡历史、文化密切相关,保护城乡历史桥梁,发展城乡文化动力,才能使城乡的历史桥梁景观得以有效、可持续地发展。正如我国著名建筑学家梁思成所说:"我们就像在黑暗中行走,不知道哪里是正确的方向,历史的保护意义在于,当有一天我们发现走错的时候,可以有一条回头的路。"

第四节　历史桥梁的文脉延续

历史桥梁跨越江河峡谷,是人们通济利涉的建筑,通过精心设计和施工而成,是人文科学、工程技术和艺术三位一体的时代产物。它不仅包含自然的因素,还包含人文的因素。历史桥梁的文脉延续是指其进行建筑创作时与周围环境的结合和对历史文化的继承与发展,可以理解为其得以生存的有机时空环境,存在于建筑环境中的现实与历史、部分与整体之间的一种内在关联。

一、保护人文环境,树立地方标志性建筑地位

一座桥会有一段历史,一座桥会有一些故事。时间就像一把利刃,把古老的事物削得零落满地,广东的古桥也不能幸免。时间的推移、自然的风化、人类活动的影响等,已经给古桥带来了不可忽视的危害,古桥的保护也变得尤为重要。当前,一些著名的古桥得到了相应的保护,而另一些规模较小、地处偏僻的古桥,保护现状并不乐观,很多人在保护古桥的意识上还不到位。因此,古桥可能还会遭到很多有意无意的破坏。一座座古桥如瑰宝,值得我们去探究、去书写,这是对中国数千年古老文化的尊重和传承。

历史桥梁是城乡的交通门户,与城乡发展有着密切的关系,一般是经济繁荣的聚集地,有着比较开阔的空间,有着比较充分的绿化,保留着较多的人文景观,是城乡主要的历史建筑,是城乡历史文化的亮点。当前,城乡的一些历史桥梁虽然被保护了下来,但没有发挥其文化内涵的作用,没有改善历史桥梁周围的环境,使其显露价值,甚至有些凌乱,与周围环境存在不协调的现象。深圳南山区南头墩头村的大板桥,据清康熙二十七年(1688年)《新安县志》的记载:"大板桥,在墩头里,乡人郑可言建。"长17.4米,上宽3.8米,下宽4.2米,为单跨石拱桥,桥孔跨度5.5米。该桥曾是当地村民出入的交通要道,可惜旧日河涌早已灰飞烟灭,现古桥两旁高楼林立,桥旁成了当地居民的菜市场,桥梁美景荡然无存,如图5-2所示。

只有恢复和保护历史桥梁的历史风貌,强化其历史作用,加强其文化特征,树立标志性建筑地位,整改周围的凌乱建筑,使其与历史街区良性互动,共同构成有机的景观整体,形成景观视觉聚点,让历史桥梁在良好的环境下存在,才能引导社区文化协调发展。

二、功能有机更新树立标志性地位

1.功能有机更新

历史桥梁退出历史舞台之前是城乡的主要交通干线,偏重于交通功能,目的是营造高效的交通枢纽,在功能和空间的规划上,注重满足各种交通硬件设施的要求。历史桥梁退出历史舞台之后,作为历史文物,不再是城乡的主要交通干线,它的功能、格局以及意义发生了根本性的改变,从原来的交通主干线向艺术景观方向转化。需要从优化、整合、经营、发展的角度来审视历史桥梁的文化内涵,承载的历史信息、艺术科学。历史桥梁成为人们研究人文、历史、科学以及技术的建筑实体,景观空间更成为人们休闲游憩的场所,给人们自然、科学、历史、艺术的熏陶,发挥精神文化的作用。保护历史桥梁,优化周围环境,强化人文精神,加

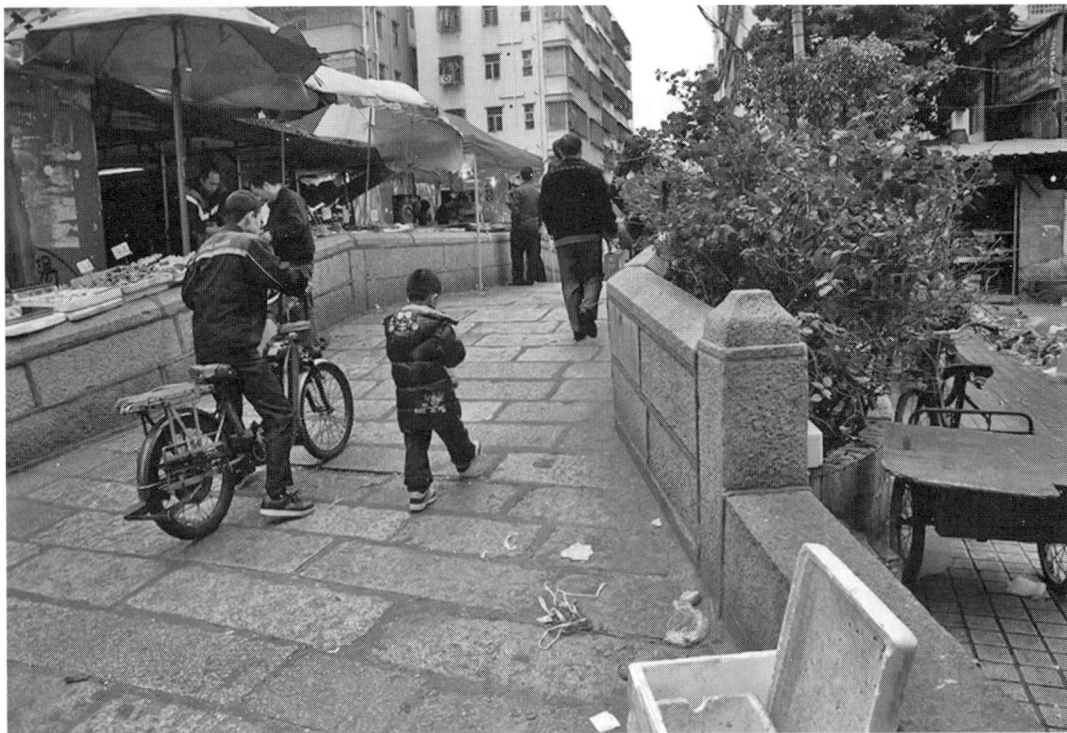

图 5-2　大板桥

深文化积淀,增加景观节点,发挥历史印证的作用,营造多样性的游憩空间,实现功能的有机更新。

2.树立地方标志性建筑地位

历史桥梁是城市和乡镇的交通门户,在历史上发挥着交通枢纽的作用,是城乡重要的历史建筑物,是科技文化的象征,是城乡发展史的见证物,与城乡发展有着共生互溶、千丝万缕的关系。历史桥梁退出历史舞台之后,作为历史文物,需要有机更新其功能,强化其历史作用、加强其文化特征,让其对周围环境产生辐射,形成景观视觉聚点。通过建筑结构、空间、造型、艺术来体现其人文磁场。历史桥梁是河流与道路交通的连接点,在景观营造方面有着其他建筑所不能达到的表现力,而且处于这个特殊位置,往往存在着美丽的自然景观,就如我们在峰回路转处看到比较壮观的景色一样,不是壮观的景色都要建在转弯处,而是观察角度的特殊性。另外,在城乡发展史上,历史桥梁是经济交易的聚集地,有着比较开阔的空间环境,保留着较多的人文景观,保留着河流的自然生态,成为桥梁景观的亮点,是地方标志性建筑。

然而,幸存下来的历史桥梁,现在很多仍然受到不同程度的人为破坏和环境污染,没有显露其价值,发挥其历史文化内涵的作用,甚至有些凌乱,同周围环境也存在不协调的现象。因此,历史桥梁功能有机更新是一次梳理、修正、优化和改造历史桥梁景观及周围人文环境的契机,重新设计和再认识桥梁景观状态,修正人文环境。历史桥梁功能有机更新,需要强调长期计划,戒除功利因素,采取循序渐进的理性方法,使桥梁生命得到延续。保护人文环境资源,集约发展,让文化沉淀,让人们追回"精神记忆",展现家乡特色,关注物质之外的精神内涵,实现"精明增长",实现城乡人文环境的可持续发展。

潮州广济桥是古代闽浙往粤的交通要冲,因为民间流传着八仙之一的韩湘子建桥的神话传说,故广济桥也被称为"湘子桥"。广济桥在潮州市城东,横跨韩江,全长518米,是一座集梁桥、拱桥、浮桥、索桥四种桥梁类型为一体的闭合活动式综合性大桥,如图5-3所示。据《广东通志》记载,广济桥西岸桥墩修建于宋乾道年间(1169—1173年),东岸桥墩修建于宋绍熙年间(1190—1194年),那时大型航船可由韩江上游顺流而下,经广济桥而出海,所以需要较大的桥孔,故在桥的中段留有一个大缺口,用钢缆绳悬牵着18只木制梭船,搭成浮桥,如图5-4所示。这种集梁桥、拱桥、浮桥、索桥四种类型为一体的闭合活动式综合性桥梁,是世界桥梁史上的一大创举。广济桥是潮州这座历史文化名城的标志性建筑,2003年开始按照国家级文物建筑标准维修、恢复,2007年竣工并作为旅游观光景点对外开放,如图5-5、图5-6所示。

图5-3 广济桥

三、保护人文环境张扬魅力余韵

1.人文环境的内容

人文环境包括物质环境、制度环境、行为环境和精神环境(表5-1)。人文环境是城乡物质、行为、制度、精神环境的集中体现。物质是环境的外在体现,行为是环境的具体体现,制度是环境存在的具体保障,精神是人文环境的核心。人们的生活除了物质之外,更重要的是精神上的享受,精神是人们行为的核心。

图 5-4　湘子桥十八梭船

图 5-5　现代湘子桥

图 5-6　湘子桥桥亭

表 5-1　历史桥梁人文环境的内容和作用

序号	分类	内容	性质	作用
1	物质环境	桥梁、河流、景观、交通、街区、建筑、雕塑等	外在表现	蕴含着人文精神和结构形式
2	行为环境	游憩、服务、科研、活动等	具体表现	精神场域所表现的有机作用
3	制度环境	管理、保护	具体保障	有机延续性的维护
4	精神环境	历史、文化、科技、精神等	内在表现	核心精神和向心力

注：本表引自李绪洪《广东历史桥梁的保护与景观有机更变研究》。

2.桥梁景观的魅力余韵

历史桥梁保留着历史信息、人文内涵以及其物质形态，丰富的建筑造型和民间的神话传说，使历史桥梁充满了诗情画意。历史桥梁退出历史舞台之后，不再作为交通主要干线，而成为景观的聚焦点，为人们提供游憩场所、体验历史和交流的空间。实现从喧哗到宁静的环境转换，使人们感受到生命与运动的体验。历史桥梁的造形美学给人们视觉上的艺术享受，而其结构、空间形态、审美取向、景观规划给人们以研究。特有的魅力景观，加深了人们对地方人文环境的美好印象，彰显了历史的凝聚力。

　　历史桥梁是地方文化的印证,渗透着当地人们的精神生活,体现当地人们对生活环境的文化衡量与人文追求,其精神场域,触发人们去缅怀历史,解读地方文化。

　　保护人文环境张扬魅力余韵是保护桥梁已有的真山真水,保护原有的自然生态,满足功能有机更新的要求,引导市民热爱本土文化。这既是对历史的尊重,也是对人文环境的尊重。让桥梁景观与人文环境共存,以物质化的形式来体现精神内涵。

　　广东顺德杏坛古粉村的爱日桥,如图 5-7 所示,长 13 米,宽 3.4 米,是一座明代的单孔石拱桥。维修之前被道路侵占,桥体几乎掩盖在道路之下,杂草丛生,垃圾成堆。2002 年维修之后,更新了功能,保护了原有的自然生态,恢复了昔日爱日桥小桥流水的景观,增强了文化氛围,张扬了魅力余韵,设计宜人的环境尺度,为古粉村居民提供了游憩的空间。虽然在维修桥梁本体的方法上还不是很到位,但在一定程度上恢复了爱日桥观赏与学术的价值。

图 5-7　爱日桥

四、立足桥梁景观,与城区历史街区复合

　　历史桥梁是地方的标志性建筑,是人们的精神家园,是历史文化的标杆,是人们瞻仰历史的文化空间场域。历史桥梁及其周围环境沉淀下来的历史氛围,有新城区无法感受到的文化气场。立足桥梁景观与历史街区空间复合能最大限度地集合各方面的资源,将桥梁与街区连接成一个有机整体,成为网络式历史文化区,发挥其景观文化魅力。

　　强化历史桥梁空间的整体性和个性,突出其标志性建筑地位,保护桥梁的历史价值、艺术价值和纪念价值,以及与桥梁构成视觉景观或自然景观的空间节点,建设传承地方文化的公共空间环境。引导人们自觉保护,创造成为瞻仰历史的文化空间场域。番禺大岭村龙津桥通过规划设计,整合交通设施,人文环境资源共享,使该桥景观与古村落空间复合,与祠堂、阁塔、宗庙、古井、牌坊、古榕等景观节点混合优化,不再成为"孤岛",促进了旅游观光业的发展,历史文化遗产的有效保护成为大岭村未来经济可持续发展的强大推力。

由于功能有机更新之后,历史桥梁成为人们游憩的场所,景观空间的规模相对不足,功能的复杂性和服务对象的广泛性,使得有限的空间不能满足多样性的需求,通过空间复合,使历史桥梁景观的休闲功能更加突出,扩大景观范围。立足桥梁景观与历史街区复合是将两者的功能并置、交错、重叠、混合而相互作用,最终形成多样性的空间优化组合。立足桥梁景观与历史街区空间复合不是通过抹煞个性而完全共性,而是扩充特性,是最大限度的共存,是让单体特性在混合体中增值。

(一)复合的方法

历史桥梁与历史街区共同构成系统,形成互动关系。复合包括优化城市环境、城乡交通格局,调整古桥周边凌乱的建筑物,空间布局,发展形态,复合公共设施,共享环境资源,使桥梁景观和历史街区互相映衬。采用理顺密集环境、柔化空间环境、强化空间规划、加强文化氛围的方法,来获得历史桥梁更大的景观游憩空间(表5-2)。

表 5-2　历史桥梁与历史街区复合的方法

序号	方法	具体措施
1	理顺密集环境	A.统一开发策略
		B.共享公共设施
		C.复合交通设计
2	柔化空间环境	A.保留原有空间格局
		B.柔和空间肌理
		C.景观和谐协调
3	强化空间规划	A.控制和不断优化
		B.新旧组织形式一致或接近
		C.完善原有结构体系
4	加强文化氛围	A.突出标志性建筑
		B.突出文化历史
		C.突出人文环境
		D.突出人性化服务

注:本表引自李绪洪《广东历史桥梁的保护与景观有机更变研究》。

(二)复合的具体措施

1.理顺密集环境

理顺密集环境的方法是在原有历史桥梁与历史街区的空间形式上进行理顺。由于历史发展的原因,历史桥梁与历史街区的空间存在着一定的局限性,已不可能在其范围内进行填充式开发,要顺着原有空间和建筑环境的现实条件,适当干预理顺,遵循紧凑舒适的原理,提高空间的使用质量,为其可持续性发展创造条件。

2.柔化空间环境

柔化空间环境是在两者的环境产生冲突的情况下,进行空间柔化的方法。因为历史桥梁所处的环境往往是历史深厚的城乡,空间架构上经历了时空的演变,逐渐形成了多样性和复杂性的特征,功能混杂,严重破坏了历史桥梁景观空间的完整性,功能有机更新不可能完全推翻周围的建筑,而是应该适当地保留原来的空间格局,柔化空间环境,突出原来的文化特色。

3.强化空间规划

强化空间规划是一种环境优化的方法。历史桥梁与历史街区周围的新建筑会影响到景观的协调性,只有在强化控制和不断优化的情况下,强化、规划原来的空间布局,新的建筑必须与原来的一致或接近,才能完善人文景观的结构体系,完善历史景观的状态。

4.加强文化氛围

加强文化氛围是突出历史桥梁景观特色的方法。让人们通过体验景观状态,体验周围的人文环境,感受历史环境下的本土文化,感受某种品格,领悟文化的积淀。这不仅是对历史桥梁文物的尊重,也是对当地人文环境的尊重。加强文化氛围,突出人文环境,提高文化品位,把复合区域打造成为人们瞻仰历史、体验文化、休闲游憩的景观空间。

2007年潮州广济桥修复后,扩大景区范围,将广济桥景区与古城区空间复合,功能并置、交错、重叠、混合优化,设立步行体系,扩大公共设施,把广济桥景区上升到潮州历史文化名城景区的高度来规划设计,人文环境资源共享,交通设施整合,功能更新,不使广济桥景观成为孤立的景区,促进了潮州旅游观光业的发展。广济桥景观与历史街区空间复合后,经营文化产业的理念使广济桥景区成为潮州经济发展的重点,每年有大批的游客慕名而至。

五、交通功能有机更新一体化设计

功能更新之后,历史桥梁作为文物景观建筑,成为人们休闲、娱乐、观光和研究的景观场所,意味着原来的交通结构需要改变,需要有机更新其交通功能网络。原来喧哗与现在优雅的环境要求不同,霍华德的"田园城市"理想模式,为历史桥梁交通功能有机更新提供了参考。采用步行体系与景观设计一体化的方法,步行体系与公共交通网络相联系的圈层交通规划,既能解决交通问题,又能提供优雅的游憩环境,把历史桥梁从原来的交通干线转变为圈层交通的中心点。从原来的混合、模糊交通模式,转变为层次分明、具有向心性的步行体系。从人性化、纪念性、娱乐性、休闲性的环境要求出发,设计一体化复合多级网络式、细分式、人行优先的交通规划。

一体化设计方法具体表现在历史桥梁与周边历史街区的街道形成互溶的关系上,实现了从"人文景观"到"历史街区"一体化连接,一方面将历史桥梁与历史街区转变为步行街,另一方面在外围增加新的主干道与步行体系连接。在历史桥梁周围设计地下、架空或地面多种形式的停车场,区域间采用公共交通连接,区分不同的出行目的,使步行系统与外部开放空间连通,形成复合的交通网络,保证历史桥梁景观所能达到的范围。一体化设计方法的目的是调整交通级别,控制交通范围,创造优雅的环境,以达到历史桥梁景观与历史街区成为游憩空间的要求。历史桥梁景观有机更新一体化设计要求见表5-3。

表5-3 历史桥梁景观有机更新一体化设计要求

序号	设计要求	具体措施
1	突出历史桥梁景观主体地位	保护历史桥梁及原有河流地形地貌特征和空间密度,扩张与延伸原来的景观轴线,有机连续性地增加景观节点,以人性化尺度设计空间,最大程度地突出历史桥梁实体的有效景观
2	有规律地进行景观布局	环境景观设计布局的节奏、韵律、结构、序列等的规律性,直接构成了人在景区中行走所能感受的空间开合、疏密、动静的变化,从而使人产生愉快的感受
3	有层次地进行景观设计	增加与历史桥梁平行的新景观线,延长两岸的景观线。将休闲空间、交往空间、生活空间集合,相互联系,序列化产生不同的空间层次变化,满足人们动态审美需求,体现一定的深度,丰富的空间层次能深深地吸引游客和当地居民来游憩
4	环境要达到"历史性"与"共时性"的统一	有机连续性地增加景观节点,既要有历史文脉的延续,又要有现代新的立意,通过空间的变化,建筑或雕塑的体量,绿化的色彩等方面进行时代契合与创造

历史桥梁景观有机更新一体化设计的目的是保护历史桥梁文物,提高人文环境品位,满足精神场域要求,从内在环境需求转化为对外旅游扩张,带动经济效益。在经济效益的影响下,更好地营造舒适的人文环境,体现人性化尺度设计的多重意义。

(一)有机扩张与延伸景观线

1.景观扩张与延伸的方法

历史桥梁的功能从原来交通干线向历史人文景观方向转化之后,为了达到城市社区居民游憩的要求,需要有机扩张与延伸桥梁景观。设计的方法是在原来的基础上延伸景观轴线,或增加新的景观线,与原来平行或交叉,变为网状式景观线,并在延伸和增加的景观线上增加景观节点,以序列形式展开,实现桥梁景观的有机更新扩大。历史桥梁景观扩张与延伸的方法见表5-4。

表5-4 历史桥梁景观扩张与延伸的方法

序号	方法类型	具体措施
1	一轴法	以历史桥梁为中心轴,桥梁两边景观扩张与延伸
2	一轴两线法	在一轴法基础上,沿河两岸增加两条新的景观线并在线上增加景观节点
3	综合设计法	在一轴两线法基础上,开放周边空间,增加景观节点,丰富层次内容

2.景观扩张与延伸有机连续性的要求

历史桥梁景观扩张与延伸有机连续性的景观设计,可采用同一风格逐步演变的方法,把原来的结构、空间、肌理、构成等作为创作元素,然后在色彩、材料上采用类同的方法,使扩张与延伸的景观有着连续性,与原来的风格一致或接近,最后在景观整体一致的条件下,再强调各个节点的功能个性。在设计中,往往会出现这样的情况,在扩张与延伸,拆除现代建筑变为景观空间时,出现气场上的中断,因此,采用同一风格逐步演变的设计方法,可能是有机连续性的最好方法。设计时要从地形地貌入手,结合地方文化脉络,加上步行体系的梳理,使新旧景观空间有着有机的连续性。历史桥梁景观扩张与延伸有机连续性的要求见表5-5。

表5-5   历史桥梁景观扩张与延伸有机连续性的要求

序号	要求
1	扩展与延伸部分在文化内涵上要与历史桥梁有整体性和连续性
2	景观节点(建筑或雕塑)要与历史桥梁形成主次关系,注意控制体量,不能压过历史桥梁,风格上要与历史桥梁一致或协调
3	景观节点(建筑或雕塑)在形制、色彩、材质上要与历史桥梁一致或协调
4	在人文景观方面是历史桥梁景观的延续和补充
5	空间结构、形态肌理是历史桥梁的延续或补充
6	在功能上是历史桥梁的补充

(二)有机连续性地增加景观节点

1.景观节点的作用

节点可以是建筑、雕塑或绿化广场,节点是历史桥梁景观的前奏和铺垫,起到彰显文化、引入场域、指导交通、转换空间、连接整体的作用。节点在构图上是一个起始点、控制点,成为构图元素,布置在引入场域的位置,能够均衡和稳定全局,有烘托历史桥梁景观的作用。

2.景观节点的有机连续性设计方法

有机连续性地增加景观节点是历史桥梁景观扩张与延伸的基本方法。河流两岸景观线是景观节点有机连续增加的对象,节点组织设计要依靠水系的自然流曲对称或不对称灵活布置,与水体形成互动的关系,与自然生态形成互渗互透、气韵流动的场域,对环境的性格进行激活。景观是人们创作灵感的来源,在历史上产生了很多以桥梁作诗的名章,因此,在设计景观节点上要根据历史文化特点,因地制宜,因势利导,因水而定,与文化相结合,将景观节点设计成历史文化景观。设计时要用游憩者的心态去分析环境问题,巧妙地组织景观节点空间的序列和层次,把周围的元素有机统一,使其协调而充满变化,使人在游憩的同时感受文化熏陶。河流两岸景观节点的组织示意图,如图5-8所示。

有机连续性地增加景观节点,扩张与延伸景观线,目的是让人们在历史桥梁的文化氛围中进行心灵的修炼,过滤掉都市环境的喧闹繁杂,放松心情,缓解压力,与自然接触,促进身心健康。

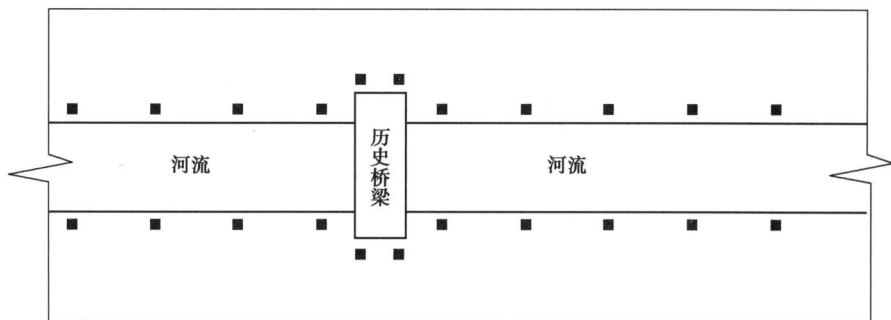

图 5-8 河流两岸景观节点的组织示意图

（注：■景观节点，可以是建筑、雕塑或绿化广场）

六、边界空间的修理方法

1.边界空间修理的概念

历史桥梁边界是体现景观与生活互动的人文活动区域，这些既矛盾又统一的因素聚集在一起，共同产生复杂的边界空间。边界空间修理是在原来环境存在不可调和的矛盾时而采取的一种设计方法，能最大限度地保留各种资源，进行整合，将边界不协调的各个区域连成一个整体，变为和谐的空间、复合多义的场域，一般设计为活动场所、绿化广场或服务区域，成为隐匿的边界空间。

2.边界空间修理的方法

在景观开放式的前提下，有形边界设计已不可能，只有通过修理、柔化及通透化的手法来处理边界。修理、柔化是促进景观边界不同区域的融合，对不合理的要调整，如占用路道的要拆除，新的建筑破坏整体环境要给予修理，做旧与柔化，或采用衔接的手法保持与历史景观相统一，体现整体概念。优化边界资源，清洁边界环境，理顺边界形态，加强文化氛围，提升边界品位，突出桥梁景观。通透化暗示着边界空间的可接近性和内部活动的开放性，从而表现出一种"容纳"，而非"拒绝"的态度，通透化不仅是一种视线的通透，也是一种活动的通透，它可以使更多的人群和活动被引入空间场域之中，从而强化空间的主题。

七、人性化尺度设计景观空间

1.人性化尺度设计景观空间的概念

人性化尺度设计景观空间是为人们提供适合公共娱乐和游憩的场所，适应社区生活质量的提高。适合的空间尺度能够渲染文化氛围，创造优质生活，激发人们的生活欲望。通过人性化尺度设计景观空间，使开放式的游憩场所能够满足人们精神场域的追求，形成人文磁场，成为多层次交往的空间，吸引更多的游憩者。因此人性化尺度设计景观空间，它涉及游憩人群的角色、空间所体现的社会习俗、历史桥梁景观所象征的意义等。

2.人性化设计景观空间的尺度

人性化设计景观空间的尺度是以人与环境的空间比例存在着使人感受到愉悦或不适作为标准的。适当的空间尺度，给人以舒适、平实、和谐的感觉，诱人向美好的事物想象。根据日本当代著名建筑师芦原义信的人性化空间尺度设计观点，人在外部空间中，建筑高度(H)

与相邻建筑间距(M)的比值为 1 时,两者之间有某种均衡存在,是使人感觉到舒适的空间;当 M 与 H 的比值小于 1 时,会使人有紧迫感;当 M 与 H 的比值大于 1 时,则使人有距离感;当 M 与 H 的比值大于 4 时,人会感觉到建筑物之间的相互影响甚小。因此,他认为 M 与 H 的比值为 1~2 时,是人感受到外部空间处于比较舒适的距离,建筑之间比较均衡的状态。这些尺度在历史桥梁的景观空间人性化设计中有一定的参考价值,见表 5-6、表 5-7。

表 5-6　芦原义信的建筑间距与建筑高度的比值给人的感受

M 和 H 的比值	人的感受
小于 1	有紧迫感、压抑感
在 1 和 2 之间	比较均衡、舒适,适合人体尺度
大于 1	疏远感,空间场域开始减弱
大于 4	影响弱,没有一定的空间场域

表 5-7　芦原义信的建筑间距与人的视距对空间场域的感受

M 和 H 的比值	M_0 和 H_0 的比值	人的观察视角	人对空间场域的感受
2	1	45°	舒适、注意力集中到空间场域
4	2	27°	空间场域感微弱,注意力开始分散
6	3	18°	缺乏空间场域感,只见远处建筑群
8	4	14°	没有空间场域感,没有目的性

注:M 表示建筑之间的间距,H 表示建筑高度,M_0 表示人与建筑的距离,H_0 表示建筑高度减去人眼视高度。

在人性化设计景观空间中,人与景观的视距尺度是选择增加景观节点的参考,合适的视距是观察景观的最佳人性化尺度。在景观互动区的空间设计中,人与人交流的尺度构成两者的关系,人通常能够在 70~100 米看清对方轮廓,这称为"社会性视域"的最大距离,相距 24 米能够辨清对方外貌,相距 14 米能够看清对方面孔,相距 3 米时,两者之间直接构成交流的关系。12 米的空间之内是比较亲切的关系,24 米的空间之内是比较舒适的人体尺度。因此,人文活动区、游客互动区或是服务区域的空间设计,一定要注意用人性化的设计尺度,营造一定的围、隐、适的空间氛围。

本章小结

本章从岭南地区历史桥梁的起源、发展以及桥梁形态与环境协调,桥梁比例、尺度与环境相协调两个方面来探讨历史桥梁的美学价值,论述当今城乡建设蓬勃发展,历史桥梁却不断被拆毁、破坏以及不断被边缘化的现状,探讨保护城乡历史桥梁的价值与意义。立足桥梁景观,保护人文环境,与城区历史街区复合,使历史桥梁的文脉得以延续。

第六章 历史桥梁在岭南建筑中的地位

第一节 广东历史桥梁在岭南建筑中的地位

广东历史桥梁保存着城乡历史的发展轨迹,与人们的生活息息相关,是广东城乡发展的历史见证,是城乡的文化形象与文化资本,其总量之大,形式之美,是一笔珍贵的文化遗产。根据各种文献资料,我们相信在岭南大地上,曾经存在过成千上万座各式各样的历史桥梁,改革开放以后,随着城乡的发展,历史桥梁处于"陈旧、过时"的矛盾状态之中,已经不适应于现代交通,频繁发生新、旧桥梁的空间置换,历史桥梁被衰败、废弃甚至销毁。今天在广东珠三角地区,历史桥梁作为一种建筑类型已经所剩无几,仅在一些河网密集分布的城乡,可以寻到其踪迹。珠三角地区各城市现存历史桥梁的分布大致平均,每个城市有 6~7 座,佛山市较多,市级以上文物保护单位有 20 座。经济的发展并没有给历史桥梁留下被保护的机会,一座座历史古桥正面临着"拆毁和改造"的命运,笔者呼吁对广东历史桥梁开展"抢救性工作",对其进行合理地保护、维修与利用,并对盲目追求"政绩工程"而使城乡文化特色遭到破坏、中断甚至消失的现象进行反思。

第二节 岭南历史桥梁与北方、江浙历史桥梁的比较研究

桥梁工程有它一定的营造则例。宋代《营造法式》一书中便有石作制度的规定。王壁文著的《清官式石桥做法》一书中有比较明晰的图样和计算方法,见表6-1。在一定时期内,则例和法式对统一规格起了一定的作用。清官式石桥大半应用于北方官办工程,包括城内、宫苑、陵寝等处桥梁。南方则很少见,南方石桥以轻巧玲珑著称,特别是江浙地区河网密布,水陆交通便利,造桥技术十分高明。

表 6-1 清官式石桥桥洞分配定例表

	中孔	次孔	再次孔	三次孔	四次孔	五次孔	六次孔	七次孔	梢孔	墩厚
一孔桥	$Z=1/3\times$									
三孔桥	$19/103\times$	$17/103\times$								$10/103\times$
五孔桥	$19/153\times$	$17/153\times$							$15/153\times$	$10/153\times$
七孔桥	$19/199\times$	$17/199\times$	$15/199\times$						$13/199\times$	$10/199\times$
九孔桥	$19/251\times$	$17.5/251\times$	$16/251\times$	$14.5/251\times$					$13/251\times$	$10/251\times$
十一孔桥	$19/294\times$	$17.5/294\times$	$16/294\times$	$14.5/294\times$	$13/294\times$				$11.5/294\times$	$10/294\times$
十三孔桥	$19/355\times$	$18/355\times$	$17/355\times$	$16/355\times$	$15/355\times$	$14/355\times$			$13/355\times$	$10/355\times$

续表

	中孔	次孔	再次孔	三次孔	四次孔	五次孔	六次孔	七次孔	梢孔	墩厚
十五孔桥	19/399×	18/399×	17/399×	16/399×	15/399×	14/399×	13/399×		12/399×	10/399×
十七孔桥	19/441×	18/441×	17/441×	16/441×	15/441×	14/441×	13/441×	12/441×	11/441×	10/441×

注：本表引自《清官式石桥做法》。

　　中国石拱桥砌筑有并列、纵联、联锁三种基本形式。其派生出来的分节并列法是较大石料的纵联式，框内的纵联石料采取较小的尺寸称为框式纵联，如图 6-1 所示。各地的做法不尽相同，富于变化，不拘一格。

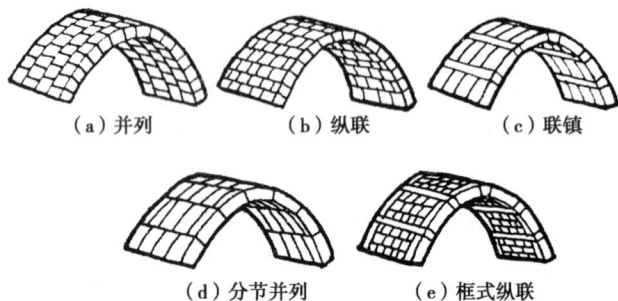

(a) 并列　　　　(b) 纵联　　　　(c) 联镇

(d) 分节并列　　　　(e) 框式纵联

图 6-1　石拱券砌筑类型图

　　石拱券的砌筑方法在不断变化，广东现存的石拱桥都为纵联式，每排石料互相错开，整体性强，并便于尖拱，即全部拱券砌筑完毕，留下拱顶石（龙门石）不砌，用木楔楔紧券石，使之抬高拱架，再嵌入拱顶石合拢。南方三孔薄墩石拱桥构造如图 6-2 所示。北方的石拱桥，

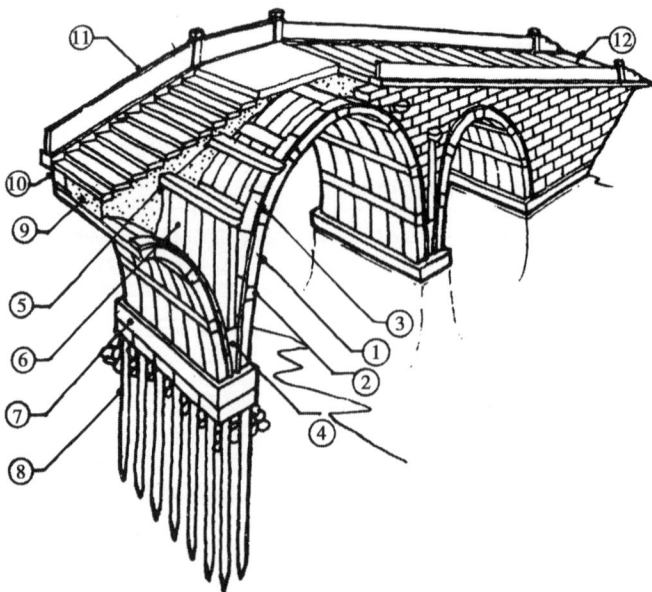

图 6-2　南方三孔薄墩石拱桥构造图

1—曲面拱板；2—水平锁石；3—护拱石；4—楔石；5—水平连接石；6—石板墙；

7—长椿帽石；8—木椿；9—拱上填充；10—山花墙；11—栏杆石；12—石踏步板

根据清官式石桥的做法,拱券厚度为拱跨的 16%,而苏州古桥的拱券厚度,大约只有拱跨的 1.5%。东南水乡石拱桥的特点是拱券石较薄,砌筑方法不同,且多薄墩连拱。岭南石拱桥拱券石较薄,砌筑方法为纵联式,薄墩连拱。现广东珠三角地区幸存的石拱桥多为薄墩薄拱形式,广东珠三角地区水网发达,所以要求桥下有足够的净空,以利于船只通行。

第三节　此项调查研究的收获与意义

笔者在研究生入学之初即参与导师的研究课题"广东历史桥梁的保护方法研究",在广东省哲学社会科学"十一五"规划基金的支持下,完成了基本资料的收集、整理和初步的研究工作。现在记录到的广东现存历史桥梁有 310 余座,其中石拱桥 160 余座,石梁桥 150 余座。笔者实地调研广东珠三角地区历史古桥 63 座,其中广州 9 座、佛山 20 座、肇庆 3 座、深圳 2 座、东莞 5 座、惠州 7 座、珠海 5 座、中山 2 座、江门 10 座。包括石拱桥 36 座、石梁桥 26 座、廊桥 1 座,测绘历史名桥 15 座。通过对调查资料的初步研究,得知广东珠三角地区现存的历史古桥主要可以分为两大类,一类是石拱桥,另一类是石梁桥。石拱桥还可以细分为单孔石拱桥、双孔石拱桥、三孔石拱桥、五孔石拱桥等,石梁桥主要是简支石梁桥。

广东地处南中国沿海,河网密集分布。历史桥梁众多、形式内容丰富,是广东城乡一笔重要的文化遗产。通过这次调研,笔者充分感受到广东珠三角地区历史文化的多样性、复杂性和独特性;了解到珠三角地区既有数千年悠久的历史传统,又有大量丰富的实物遗存;既有与中原文化相同、相通的地方,又有自身与众不同的部分;认识到广东珠三角地区历史桥梁是一笔巨大的、珍贵的文化遗产。

第四节　研究与保护

改革开放以来,广东省的经济发展水平在全国一直处于领先,广东珠三角地区已逐步发展成为我国城镇化水平最高、开发建设力度最大的地区之一。但与此同时,文物古迹的破坏程度也非常严重,城乡历史建筑一批批被破坏,变得越来越少,且破坏势头难以控制,没有固定保护模式的城乡快速发展,结果环境越来越恶化,在珠三角地区现存的历史建筑中,相对一般的历史建筑(如祠堂、庙宇、书院、会馆),历史桥梁因其体积小、"陈旧、过时",不适应现代交通而逐渐被人们所遗弃,任其自然衰败或被"建设性破坏"。珠三角地区现存 130 余座历史桥梁,大部分都没有被列入文物保护单位名录,拆除仍然是合法的,保护却十分艰难。

我们相信,珠三角地区遗留下来的历史古桥,每一种类型和样式都有它形成的过程和理由。如何真正地、深入地研究它们,如何保护这一大批历史文化遗产,仍然是一个难题,是一个十分艰巨的任务。值得庆幸的是,20 世纪 90 年代,广东省的花都、顺德等地开始意识到城乡的形象问题,开始意识到城乡历史桥梁的保护问题,逐渐意识到从管理城乡到经营城乡,从经营城乡到营销城乡,最终形成城乡的文化资本运作。

关于历史桥梁,我们知道的还很少,其中北方的古桥、江浙地区的古桥、云贵川地区的风雨桥等,关于它们的数量、文化背景、外观、类型样式、与其他建筑类型的关系等,调查都还不彻底,研究都还处于初步阶段。

　　在广东主要的历史桥梁分布区中,对珠三角地区的调查起步相对较早,历史古桥相对集中,因而能够调查得比较彻底,研究也能够相对深入一些。由于此前的同类工作总体上还处于初级阶段,可以借鉴的方法和经验很少,笔者的调查研究也处在探索尝试阶段,所使用的方法、获取的数据,都不一定是最佳、最准确的,许多结论还有商讨的余地。还有一点遗憾的是,由于种种历史原因,无法得到珠三角地区早期历史桥梁的准确纪年,因而对于年代序列和历史演变的研究与探讨,都显得相当单薄甚至模糊。这些都需要更多更深入的研究,希望有更多的专家学者们加入到历史桥梁的调研中来。

本章小结

　　本章通过广东历史桥梁"陈旧、过时"的遗存现状,呼吁对广东历史桥梁开展"抢救性工作",对其进行合理地保护、维修与利用。探讨岭南历史桥梁与江浙、北方历史桥梁的关系,阐述历史桥梁在岭南建筑中的地位。对城乡现代化建设进程中大拆大建的各种破坏行为进行反思。总结历史经验,吸取历史教训,既要发展现代化,又要保护广东城乡历史建筑,保护历史桥梁及其周围的人文景观,发展城乡的文化动力,使得历史桥梁景观得以有效、可持续地发展。

结　语

汉娜·阿伦特曾经说过："积极的生活(Vita Active)，即处于积极行动状态的人类生活，总是植根于人与造物的世界之中，这个世界是永远不可能脱离或彻底超越的。人与物构成了人的每一项活动的环境，离开了这样的一个场所，人的活动便无着落；反过来，离开了人类活动的这个环境，即我们诞生于其间的世界，同样也无由存在。"历史桥梁是中国历史文化遗产的重要组成部分。岭南古桥源远流长，浩若繁星，灿烂辉煌。广东历史桥梁保存着历史发展的轨迹，有着深刻的文化内涵，其总量之大，形式之美，具有艺术、技术和历史三重价值，是一笔不可再生的文化遗产。近几十年来，由于我国经济建设发展日新月异，修路、造桥、建高楼、筑水利，大兴土木，一批批古桥被拆除，遗存状况不容乐观。有些古桥因年久失修，被当作"危桥"拆除。这些无法再生的文化遗产被湮没，令人惋惜和遗憾。笔者在读研究生期间，有幸在导师李绪洪教授的带领下，从事广东历史桥梁的调查与景观保护研究，常常有机会见到古桥，久之便对历史桥梁兴趣渐浓，遂产生对珠三角地区历史桥梁进行调查研究的想法。面对城市化进程的不断深入，笔者唯有抓紧时机，借助自已的专业知识，用文字、图片和图纸记录遗存古桥的历史风貌，对现存的历史桥梁进行普查和数据统计，以弘扬岭南桥梁文化，更深入地去了解历史桥梁的遗存风韵和古桥文化。

研究特点：

(1)历史桥梁形式内容丰富，是广东城乡的一笔重要文化遗产，其重要的文物价值和历史内涵，正日益引起各方面的高度重视和深入研究。对广东珠三角地区历史桥梁进行数据普查、考古和资料整理，可以作为今后创造地方桥梁风格特色和城乡规划保护的借鉴资料。

(2)在大量田野调查的基础上，研究广东珠三角各地区历史桥梁的遗存现状，从历史桥梁的起源、发展以及桥梁形态与环境协调，桥梁比例、尺度与环境相协调两个方面来探讨历史桥梁的美学价值。立足桥梁景观，探讨保护城乡历史桥梁的价值与意义。保护人文环境，与历史街区复合，使历史桥梁的文脉得以延续。

(3)呼吁对广东历史桥梁开展"抢救性工作"，对历史桥梁不断被拆毁、破坏及边缘化的现状进行反思，对其进行合理地保护、维修与利用，使其作为研究历史艺术、风俗民情的实物证明。巩固历史桥梁在岭南建筑中的地位，保护历史桥梁及其周围的人文景观，发展城乡的文化动力,使历史桥梁景观得以有效、可持续地发展。

研究展望:

广东历史桥梁长期以来与人们的生活息息相关,是广东城乡发展的历史见证,是城乡的文化形象与文化资本,是一笔珍贵的财产。这笔财产是人文和物化的体现,是不可分割的有机整体,除了具有景观欣赏价值之外,还具有历史、生态和实用等价值,因此在现代化建设中应予以保留。保留原来和谐、美的环境,这种环境是顺应人的生存和审美需求的。保留历史桥梁所体现的真善美,这种真善美体现了城乡的历史文化。然而,当前广东城市化进程中的"大拆大建""千城一面",对历史桥梁及其环境的破坏,造成"城乡形象没文化的危机",笔者把其作为问题提出并反思。本书通过实地调查,分析历史桥梁目前的存在状况以及景观保护与维修中的一些误区,阐明历史桥梁的存在对广东城乡文化、生态的作用。要从前一阶段模糊保护状态中醒悟过来,将历史桥梁保护与景观有机更新结合起来,优化整合,使更新后的景观空间成为人们休闲游憩的场所。笔者相信历史桥梁的存在会使城乡现代化生活更加丰富多彩,更加提高人们生活的积极性,使人们的社会活动与历史文化共存,只有使历史桥梁初始价值形成的能量向后续价值形成的能量转换,过去的意义在当代才能得到延续和转换,历史桥梁的存在才有真正的意义。

笔者因水平及时间限制,未能对广东珠三角地区已知的 136 座历史桥梁进行详细调查和深入研究,笔者亲临实地调查拍摄的仅有 63 座,占珠三角地区古桥的 47%,其余古桥因条件限制、力所不及并未亲临调查,略感遗憾,有待日后深入调研。广东地区各地方志记载桥梁交通的内容很多,但大多只记桥名,略加描述,甚至是何种桥型都分不清楚。笔者在前人的基础上,从多方面考查、分析、判断,从实际出发,注重调查研究,尽力补充城乡现代化建设后的古桥情况,反映遗存现状,发掘文化内涵。希望通过本课题的研究,抛砖引玉,提高人们对保护历史桥梁的认识,保护这些不可再生的文化遗产。同时,笔者对一些古桥的基本尺寸进行了简单测绘,可为以后研究古桥建筑和古桥文化提供参考。

附 录

广东历史桥梁遗存总表

一、广东现存历史拱桥

序号	桥梁名称	建造年代	坐落位置	说明
1	花都青云桥	明代,清代重修	炭步镇望头村	单孔石拱桥
2	增城步云桥	清乾隆年间	朱村镇大岗村	
3	番禺跨龙桥	明代,清代改建	石碁镇新桥村	三孔石拱桥
4	番禺龙门桥	宋代,清重建,民国改建	化龙镇水门村	红砂岩单孔石拱桥
5	番禺余荫山房浣红跨绿桥	清同治年间	南村镇南村墟余荫山房内	单孔石拱廊桥,四柱歇山卷棚顶
6	深圳永兴桥	清乾隆年间	南山区沙井镇新桥村	三孔石拱桥,长50余米,宽3米,高5米
7	南雄接龙桥	明成化年间,清重修	雄州镇田边水村	八孔石拱桥,长60米,宽3.6米,高2米,拱跨7米
8	始兴通利桥	清代	隘子镇	双孔石拱桥
9	翁源龙仙桥	明代	龙仙镇陂下村	红砂岩双孔石拱桥,长43米,宽3.9米,高6.5米,拱跨13米
10	翁源小拱桥	明代	铁龙乡集村	单拱石拱桥
11	翁源善济桥	清乾隆年间	红岭乡下洞村	单孔石拱桥,长9米,宽2.5米,高5米,现部分被新建桥覆盖
12	翁源刘屋永济桥	清道光年间,民国重修	官渡乡径口村	单孔石拱桥,长10米,宽2.5米,高6米
13	翁源新南村永济桥	清道光年间	庙墩乡新南村	单孔石拱桥

续表

序号	桥梁名称	建造年代	坐落位置	说明
14	翁源花桥	清代	坝仔镇坝仔街	多孔石拱桥
15	翁源蓊口桥	清代	南浦镇蓊口村	双孔石拱桥,长 51 米,宽 3.8 米,高 7.2 米
16	翁源蒋公桥	清代	周坡镇阳东村	单孔石拱桥
17	翁源长南桥	清代	坝仔镇上洞村	单孔石拱桥
18	翁源磨刀坑桥	清代	新江镇东方村	单孔石拱桥
19	翁源羊子坑桥	清代	三华乡新东村	单孔石拱桥
20	新丰麻埔桥	清乾隆年间	石角乡路下村	单孔石拱桥,长 14 米,宽 3.2 米,高 6 米
21	新丰三岔桥	清乾隆年间	黄礤镇三岔村	红砂岩筑单孔石拱桥,长 13 米,宽 2 米,高 4 米,拱跨 8 米
22	乳源大富桥	明代	附城乡	单孔石拱桥,长 21 米,宽 2 米,高 5.5 米,拱跨 10 米
23	乳源永兴桥	清代	洛阳乡泉水村	单孔石拱桥,长 24 米,宽 5.3 米,高 8 米
24	乳源通济桥	明代,清乾隆年间重修	大桥镇	三孔石拱桥,长 53 米,宽 6 米,高 8 米,拱跨 12 米,桥中凉亭已毁
25	乳源分头亭桥	清同治年间重建	侯公渡镇新民村	双孔石拱桥
26	乳源观音桥	清光绪十九年(1893 年),民国重修	必背镇板泉村	单孔石拱桥,长 20 米,宽 4.2 米,拱跨 8 米
27	乳源镇溪桥	清代	侯公渡镇宋田村	单孔石拱桥,长 16 米,宽 13 米,高 5 米
28	乳源黄田桥	清代	侯公渡镇黄田村	多孔拱桥,条石砌拱,三合土夯筑桥面
29	乐昌应山桥	清乾隆年间	黄圃镇应山村	三孔石拱桥,长 49.9 米,宽 6.5 米,拱跨 16.9 米
30	乐昌楚南桂阳桥	清嘉庆年间	五山乡东溪村	单孔石拱桥,长 22.3 米,宽 4.3 米,拱跨 7.8 米
31	乐昌罗家桥	清道光年间	两江乡两江河	单孔石拱桥,长 19.7 米,宽 5.5 米,拱跨 15.6 米
32	乐昌沧湖桥	明代	乐城镇	单孔石拱桥
33	乐昌东川桥	明代	乐城镇红星街	单孔石拱桥
34	乐昌水头庙桥	—	乐城镇北道口	单孔石拱桥
35	乐昌桂阳桥	清嘉庆年间	五山乡东溪村	单孔石拱桥,长 22.3 米,宽 4.3 米,高 7.9 米
36	乐昌麻坑桥	清代	五山乡麻坑村	单孔石拱桥

序号	桥梁名称	建造年代	坐落位置	说明
37	乐昌月湾桥	清代	两江乡	单孔石拱桥,长20.5米,宽6米,高10米
38	乐昌两江口桥	清嘉庆年间	两江乡两江街	单孔石拱桥,长25.3米,宽5.5米,高9.1米
39	乐昌玉环大桥	清乾隆年间	黄圃镇应山村	长64.7米,宽6.5米,高8.7米
40	乐昌水东桥	—	黄圃镇东村	单孔石拱桥
41	乐昌牙王庙桥	—	九峰镇大廊村	单拱石拱桥,长12.2米,高5米
42	乐昌两道山道坑桥	—	三溪镇神仙岭塘背村	单孔石拱桥
43	乐昌双桥	—	梅花镇双桥村	三孔石拱桥
44	乐昌高村头桥	—	云岩乡出水岩村	单孔石拱桥
45	乐昌冷水坑桥	—	秀水乡老黎家村	单孔石拱桥
46	乐昌翁家村桥	—	秀水乡翁家村	单孔石拱桥
47	乐昌观音岩桥	清光绪年间	老坪石镇三星坪村	石拱桥,长20.7米,宽6米
48	乐昌三拱桥	民国	老坪石镇三拱桥村	三孔石拱桥,长33.8米,宽6.8米,拱跨10米
49	和平兰桂桥	清乾隆年间	长塘镇黄沙村	又称九鳅上水仙人桥。单孔石拱桥,长30米,宽4.5米,高7.5米
50	和平仙人桥	清乾隆年间	阳明镇	长42米,宽4.4米,高8米
51	和平石陂头桥	清乾隆年间	大坝镇石陂村	长9.33米,宽3.7米,高6.6米
52	和平水口桥	清乾隆年间	附城乡龙湖村	长14米,宽2.6米,高5米,拱跨4米
53	和平回澜桥	清嘉庆年间	合水乡彰洞水口	单孔石拱桥,长27米,宽3米,高9米,拱跨6米
54	和平万寿桥	清末重建	优胜乡棺材潭	又名兴财桥。单孔石拱桥,长12.2米,宽1.8米、高8米
55	龙川胜阳桥	清康熙年间改建	附城乡官坑	又名下板桥。单孔石拱桥
56	龙川周公桥	清康熙年间改建	附城乡岭西村	又名上板桥。单孔石拱桥
57	龙川永固桥	清康熙年间	上坪镇青云村	单孔石拱桥
58	龙川福昌桥	清乾隆年间	四都镇福光村	单孔石拱桥
59	龙川上新桥	清道光年间	上坪镇龙田村	双孔石拱桥,长51.9米,宽4.3米,高9.9米
60	龙川下新桥	清咸丰年间	上坪镇龙田村	双孔石拱桥,长62.5米,宽3.8米,高8.9米,拱跨11米
61	龙川沙子口桥	清同治年间	上坪镇金龙村	单孔石拱桥

续表

序号	桥梁名称	建造年代	坐落位置	说明
62	紫金安贞桥	清代	黄塘镇拱桥村	单孔石拱桥,长 33.6 米,宽 3.8 米,高 10.8 米
63	连平仙女桥	明代	元善镇城西	单孔石拱桥
64	连平横水桥	明代	内莞乡内莞墟	单孔石拱桥,长 22 米,宽 4 米,高 6 米,拱跨 12 米
65	连平福兴桥	清道光年间	忠信镇柘破村	双孔石拱桥,长 66 米,宽 6.6 米,高 7.7 米,拱跨 12 米
66	连平五福桥	清道光年间重修	忠信镇大坪村	五孔石拱桥,长 49 米,宽 2.8 米,高 4 米,拱跨 5.1 米
67	连平上坪水口桥	清光绪年间	上坪镇东阳村	双孔石拱桥,长 35 米,宽 6 米,高 8.3 米
68	连平贵东水口桥	清代	贵东乡花山村	单孔砖石拱桥,长 23 米,宽 3.5 米,高 10.5 米
69	连平广济桥	清代	大湖镇大湖墟	双孔石拱桥,长 40 米,宽 4 米,高 7.8 米,拱跨 11.4 米
70	连平头巾石桥	清代	油溪乡大塘村	双孔石拱桥,长 47 米,宽 4.3 米,高 7 米,拱跨 12 米
71	梅州嘉应桥	清初	梅江区文化公园	双孔石拱桥
72	梅州状元桥	清乾隆年间重建	梅江区东郊乡	原名灵济桥。双孔石拱桥
73	梅州黄塘桥	清乾隆年间	梅江区西郊乡黄塘村	双孔石拱桥
74	梅州盘龙桥	清代	梅江区东郊乡龙峰村	双孔石拱桥
75	梅州高峰桥	清代	梅江区西郊乡十里尾	单孔石拱桥
76	梅县五星桥	清顺治年间	松源镇新墟	原名五生桥,又称五生桥。五孔石拱桥
77	梅县云车桥	清乾隆年间	松北乡下坪村	单孔石拱桥
78	梅县天成桥	清嘉庆年间	松源镇宝坑村	单孔石拱桥
79	蕉岭大坝村桥	清乾隆年间	广福镇大坝村	双孔石拱桥
80	蕉岭滩头桥	清代	长潭乡	双孔石拱桥,长 48 米,宽 3 米,高 7 米
81	蕉岭回龙桥	清嘉庆年间	蓝坊乡龙潭下	单孔石拱桥,长 9 米,宽 3.6 米,高 5 米
82	蕉岭大坑桥	清嘉庆年间	长潭乡大坑里	单孔石拱桥,长 12 米,宽 3.2 米,高 7 米

续表

序号	桥梁名称	建造年代	坐落位置	说明
83	蕉岭万福桥	清嘉庆年间	蓝坊乡石湖	单孔石拱桥，长 15 米，宽 3.8 米，高 5.5 米
84	蕉岭仁寿桥	清嘉庆年间	新铺镇彭坑	又称乐英桥、红拱桥。单孔石拱桥，长 11.5 米，宽 3 米，高 8 米
85	蕉岭英风桥	清道光年间	蕉城镇河碧塘	又名红拱桥。单孔石拱桥，桥面栏杆用土朱涂成红色
86	蕉岭步云桥	清道光年间	蕉城镇教岭背	单孔石拱桥，长 14 米，宽 3.8 米，高 10 米
87	蕉岭乐英桥	清道光年间	三圳镇	单孔石拱桥，长 11.5 米，宽 3 米，高 8 米
88	丰顺普济桥	清道光年间	丰良镇	七孔石拱桥，长 96.6 米，宽 3.8 米，高 12 米，逆水面分水尖特别高翘，极为壮观
89	丰顺华南桥	清代	潘田镇白坟铺村	石拱桥，长 26.7 米，宽 3.6 米，高 7.3 米
90	五华董源桥	明嘉靖年间	华城镇董源村	砖石拱桥，长 21 米，宽 4 米，高 4.5 米，拱跨 12 米
91	平远驾虹桥	明万历年间	仁居镇	双孔石拱桥，长 45 米，宽 6 米，高 12 米
92	平远女德桥	明万历年间	茅坪乡中村	单孔石拱桥，长 31 米，宽 5.2 米，高 7.4 米
93	平远高桥	明崇祯年间	热柘乡布心村	单孔石拱桥，长 31 米，宽 5.2 米，高 7.4 米
94	平远青云桥	清康熙年间	仁居镇	四孔石拱桥，长 40 米，高 7 米，宽 6 米
95	平远新桥	清乾隆年间	中行乡盐布潭	双孔石拱桥，长 20 米，宽 12 米，桥面建有风雨亭
96	惠东甜济桥	清道光年间	高潭镇桥下村	石拱桥，长 21.2 米，宽 3 米，拱跨 12.2 米
97	惠阳跃鲤桥	清代	永湖镇鸦鹊村	单孔砖石拱桥，长 18 米，宽 2 米，高 8 米，拱跨 14 米
98	博罗保宁桥	南宋，明景泰年间改建，清乾隆年间重修	罗阳镇观背村	双孔石拱桥，长 31.4 米，宽 4.5 米，高 7 米
99	博罗江东桥	明万历年间	罗阳镇江东村	又名宁济桥、学湖桥。红砂岩双孔石拱桥，长 18.5 米，宽 4.2 米，高 7 米
100	博罗通济桥	明代	观音阁南坑村	单孔石拱桥，长 27.5 米，宽 2.6 米，高 7 米，拱跨 17.8 米

续表

序号	桥梁名称	建造年代	坐落位置	说明
101	博罗光裕桥	清嘉庆年间	罗阳镇水西	三孔石拱桥，长17米，宽2.8米，高3米
102	东莞种德桥	明嘉靖年间	莞城镇大汾村	石拱桥
103	东莞兴隆桥	明隆庆年间，万历年间重修	莞城镇	双孔石拱桥
104	东莞青云桥	明万历年间，清同治年间重修	莞城镇大汾村	红砂岩多孔石拱桥
105	东莞连步桥	明代	莞城镇大汾村	红砂岩石拱桥，长15.7米，宽3.6米，高4.5米，拱跨5.5米
106	中山青云桥	清康熙年间	石岐郊区青云街	双孔石桥，一孔设拱券，一孔架梁，拱高梁低
107	中山双美桥	清康熙年间	小榄镇北街	单孔石拱桥
108	中山学宫泮桥	明代	石岐镇市医院内	单孔石拱桥
109	中山步月桥	清道光年间	环城区恒美村	单孔石拱桥
110	江门汴溪桥	清道光年间	环市乡里村	三孔石拱桥
111	新会响水桥	清乾隆年间改建	大泽镇小泽村	石拱桥
112	新会步天桥	清乾隆年间	双水镇天亭墟	三孔石拱桥
113	新会罗坑跃龙桥	民国重建	罗坑镇谭冈村	单孔石拱桥，长22.5米，宽13.3米
114	台山琴溪桥	清乾隆年间	北陡镇那琴圩	双孔石拱桥，长24米，宽2.8米，高5米，拱跨9.8米
115	恩平官路桥	清嘉庆年间	圣堂镇三山村	单孔石拱桥，长24米，宽2.6米，高9.8米
116	鹤山惠济桥	清道光年间	沙坪镇玉桥村	三孔石拱桥
117	南海三里桥	明末，清初重修	盐步镇河东村	石拱桥，长28.2米，宽3.2米，高5米
118	南海三元桥	清道光年间	九江镇上东村	单孔石拱桥
119	顺德洛阳桥	北宋熙宁年间，明弘治年间重修	桂洲镇里村	单孔石拱桥
120	顺德明远桥	明代	杏坛镇逢简村	三孔石拱桥，栏板雕刻精美
121	顺德爱日桥	明代	杏坛古粉村	单孔石拱桥，栏板雕刻精美
122	顺德永安桥	明代，清嘉庆年间重修	杏坛镇北水村	单孔石拱桥
123	顺德跃龙桥	清代	杏坛镇上池村	单孔石拱桥
124	顺德文明桥	清乾隆年间	杏坛镇高港村	单孔石拱桥
125	顺德酿泉桥	清代	陈村镇旧圩	单孔石拱桥
126	顺德起凤桥	清代，民国重修	杏坛古朗村	梁式单孔石拱桥，花岗岩石质，桥面刻有菱形花纹

续表

序号	桥梁名称	建造年代	坐落位置	说明
127	顺德秀桥	民国	桂洲镇四基	单孔石拱桥,长21.7米,宽2.3米,高5.2米
128	顺德跨鳌桥	清光绪年间重修	杏坛镇古朗村	单孔石拱桥
129	三水蟠龙桥	清末民初	白泥镇	石拱桥
130	阳江大沟桥	清代	大沟镇	三孔石拱桥
131	阳江石山桥	清代	雅韶镇平岚村	三孔石拱桥,长36.2米,宽1.6米,高5.3米
132	阳春铜陵桥	明代	石望乡河口圩	三孔大理石拱桥,长22米,宽2.5米,高5.2米
133	阳春那乌桥	清道光年间	春湾镇那星村	三孔石拱桥,长43.8米,宽4米,高6.9米,拱跨10米
134	吴川通津桥	清光绪年间	塘掇镇	1975年桥面扩宽
135	高州兴文桥	明崇祯年间,清重修	高州镇南关街	石拱桥,长14.8米,宽4.4米,高7.3米
136	高州琴溪桥	清嘉庆年间	东岸镇岑山村	三孔石拱桥
137	高州谢鸡桥	清光绪年间	谢鸡镇	三孔石拱桥
138	化州官桥	—	官桥镇	分南北二桥,砖石结构,总长50米,均宽2米
139	四会龟石桥	清光绪年间	下前镇蒲洞村	又名万安拱桥。三孔石拱桥,长20.7米,宽1.7米,拱跨8.4米
140	四会水花潭桥	清代	江谷镇培茛村	三孔石拱桥,长28米,宽1.7米,高5.2米,拱跨5.4米
141	罗定硖陂桥	明万历年间	金鸡镇文阁村	单孔砖砌拱桥
142	罗定金鸡桥	明万历年间	金鸡镇金鸡岭	单孔石拱桥
143	云浮九龙桥	明代,清重修	云城镇	双孔大理石拱桥,长23米,宽2.5米,高8米,拱跨17米
144	云浮南山河桥	明代	云城镇下谭村	大理石拱桥
145	封开酒井桥	清代	南丰镇酒井村	单孔石拱桥,长22米,宽3.3米,高5米,拱跨7米
146	清远湄坑桥	北宋嘉靖年间,明、清重修	江口镇湄坑	红砂岩单孔石拱桥,宽3米,高4米,拱跨5米,保留了明代桥梁风格
147	清远集口嘴桥	清光绪年间	沙河镇集口嘴村	单孔石拱桥
148	清远普济桥	清光绪年间	浸潭镇	九孔石拱桥,长98米,宽4米,中间三大拱,两边三小拱,大拱净跨15米,后改建公路桥

续表

序号	桥梁名称	建造年代	坐落位置	说明
149	英德何公桥	明嘉靖年间重建	英城镇何公坑	双孔石拱桥,长30.5米,宽6米,拱跨8.2米
150	英德华屋桥	明代,清同治年间重修	横石水镇华屋村	单孔石拱桥,长22.5米,宽3.3米,高6米,拱跨11米,桥面有砾石砌构八卦图案
151	英德仙福桥	清嘉庆元年	横石塘镇仙桥墟	双孔石拱桥,长28米,宽3.5米,高7米,拱跨5.6米
152	英德万福桥	清光绪元年	九龙镇金造村	三孔石拱桥,长35米,宽3米,高7米
153	连南南岗桥	明代	南岗乡南岗村	单孔拱石拱桥,长12米,宽5.8米,拱跨5米
154	连县西岸村桥	清代	西岸镇西岸村	五孔石拱桥,长60米,宽6.6米,高6.1米
155	阳山禹门桥	明隆庆年间	阳城镇东北	上下两桥,现存上桥。石拱桥,长9.8米,宽3余米,高5.4米
156	阳山七拱墟桥	清乾隆年间重建	七拱镇七拱墟	双孔石拱桥
157	阳山七拱桥	清道光年间	七拱镇七拱墟	七孔石拱桥,中间三拱跨度较大,长84.4米,宽6.3米,高7米
158	阳山高巩桥	清嘉庆年间	黎埠镇燕岩村	单孔石拱桥,长26米,宽5.5米,高8.4米
159	阳山沥口桥	清道光年间	七拱镇塘坪村	又名三拱桥。三孔石拱桥,长47.7米,宽6米,高8米

二、广东现存历史梁桥

序号	桥梁名称	建造年代	坐落位置	说明
1	广州云桂桥	明代,清末重建	晓港公园	三孔伸臂石梁桥
2	广州石井桥	清道光年间	白云区石井镇	五孔石梁桥,长68米,宽3.8米
3	广州汇津桥	清代	海珠区马涌直街	又名马涌桥。三孔石梁桥
4	增城坑头坑桥	清乾隆年间	荔城镇更街村	单孔石梁桥
5	增城复昌桥	清光绪年间	新塘镇石吓村	三孔石梁桥
6	番禺分司桥	清代	石碁镇官涌村	双孔石梁桥,今东孔淤塞
7	珠海大观桥	清光绪年间	金鼎镇上栅村	六墩石梁桥
8	斗门石头桥	清康熙年间	乾务镇乾北村	单孔石平桥
9	澄海接龙桥	南宋	上华镇华富村	单块石板架设

续表

序号	桥梁名称	建造年代	坐落位置	说明
10	澄海跃马桥	传为南宋	上华镇龙田村	三孔石梁桥
11	澄海南桥	明万历十一年（1584年）重建	澄城镇岭亭村	五孔石梁桥
12	澄海跃龙桥	明崇祯年间	上华冠山村	五孔石梁桥，长80米，宽3米
13	澄海刁刀桥	南宋	莲下镇	独石板桥
14	潮阳和平桥	北宋宣和年间	和平镇和平村	十八孔石梁桥，松木基上叠石为墩，桥栏三合土夯筑，长100余米
15	潮阳贵屿桥	南宋隆兴年间重建	贵屿镇华美村	三孔石梁桥，桥面已扩建
16	潮阳乌岩桥	唐代始建，清代重建	西胪镇乌岩村	俗称无水桥。三孔石梁桥，长约20米，高19.3米
17	惠来武宁桥	始建于元至元年间，清、民国重修	周田镇武宁村	石梁桥
18	惠来东铺桥	明洪武年间	仙庵镇	又名石鸟桥。石梁桥
19	惠来虎头山桥	明成化年间	华湖镇东彭新村	石梁桥
20	惠来桥公墟桥	明成化年间	华湖镇东福村	石梁桥，长82米，宽1.6米
21	惠来东门洋石桥	清光绪年间	青山头寮村	七墩石梁桥
22	饶平姑嫂桥	明末	黄岗镇虎头山下	原名关锁桥
23	普宁渡仙桥	明崇祯年间	洪阳镇北村	石梁桥
24	普宁百里桥	清代重建	洪阳镇	石梁桥
25	揭西济襄桥	民国	河婆镇全新路	混凝土梁桥，长50米，宽3米，双层桥栏高2米多
26	揭阳蟠龙桥	宋代	曲溪镇蟠龙村	又称月浦桥。五孔石梁桥，近年增建一孔
27	潮安永平桥	清乾隆年间	登塘镇枋树员乡	九孔石梁桥
28	潮安仙济桥	元至大年间重修	彩塘镇仙乐乡	三孔石梁桥
29	潮安通济桥	明代	庵埠镇庄陇村	中隔绿洲滩，桥分二段，一为五孔石梁桥，一为四孔石梁桥，总长78.7米
30	潮安神仙桥	明嘉靖年间	金石镇辜厝乡鸟巢铺	双孔石梁桥
31	潮安万里桥	清光绪年间重建	凤塘镇东陇村	五孔石梁桥
32	仁化黄溪水桥	清代	扶溪镇斜周村	三孔石梁桥
33	南雄水西桥	明万历年间	雄州镇水西村	红砂岩七孔石梁桥，长104米，宽4.3米，高5米
34	南雄溪头桥	明代	百顺镇溪头村	单孔石梁桥

续表

序号	桥梁名称	建造年代	坐落位置	说明
35	南雄新田桥	清光绪年间	乌迳镇新田村	八孔石梁桥，长77米，宽3.5米，高5米
36	新丰高桥	清乾隆年间	丰城镇高桥村	多孔石梁桥
37	乳源干坑桥	明万历年间	在乳城镇	三孔石梁桥
38	乳源九塘鳌隅桥	清代	大桥镇九塘村	多孔石墩木梁桥，长52米，高6米
39	乳源白石下鳌隅桥	清同治年间	大桥镇岩口村	多孔石墩木梁桥
40	乳源梁下桥	清代	大桥镇到角村	多孔石墩木梁桥
41	乳源榕树头桥	清末	附城乡新袁屋	四孔石梁桥
42	河源松坑桥	明代，清乾隆年间重修	双江乡下林村	多孔石梁桥，长50米，高20米，宽5米
43	河源永定桥	明代	涧头乡东坝村	多孔石梁桥，长60米，宽7.1米
44	河源桥头墟桥	明代	双江乡桥头墟	石梁桥
45	河源福兴桥	清道光年间	顺天镇积波村	又名石塘水桥。多孔石梁桥
46	和平五眼桥	清乾隆年间	下车镇	五孔石梁桥，长56.7米，宽1.9米
47	和平油竹坝桥	清乾隆年间	优胜乡	三孔石梁桥
48	和平癸酉桥	清乾隆年间	下车镇兴隆村	多孔石梁桥
49	和平塘背桥	清光绪年间	优胜乡秀溪	多孔石梁桥
50	和平暗径水口桥	清代	优胜乡	石梁桥
51	和平企径水口桥	清代	优胜乡企径水口	三孔石梁桥
52	龙川长盛桥	清乾隆年间	麻布岗镇大长沙村	双孔石梁桥，长55.8米，宽3.9米，高8.6米
53	龙川合善桥	清乾隆年间	上坪镇石祭下	多孔梁桥，灰、沙、石筑墩、木梁
54	龙川大河桥	清嘉庆年间	细拗镇月光正村	多孔石墩木梁桥，长55米，宽1.3米，高3米
55	龙州印月桥	清嘉庆年间	佗城镇	石梁桥
56	龙川仙塔桥	清嘉庆年间	佗城镇塔西村	三孔石梁桥
57	龙川洗马潭桥	清光绪年间	上坪镇茶活村	双孔石梁桥，长53.5米，宽5米
58	龙川合水桥	清代	细坳镇联平村	多孔梁桥，灰沙，石砌筑墩、木梁
59	梅州饶公桥	清康熙年间重建	梅江区东郊乡	四孔石梁桥
60	梅州梅江桥	民国	梅江区凌风路	钢筋混凝土梁桥，长300米，宽12米
61	梅县磐安桥	清光绪年间	松北乡铜琶村	俗称铜琶桥。长100米，宽8米
62	梅县隆文桥	清代	隆文镇隆文墟	多孔石梁桥

续表

序号	桥梁名称	建造年代	坐落位置	说明
63	梅县白渡桥	民国	白渡镇沙坪村	多孔梁桥,长200米,宽8米
64	梅县梅东桥	民国	松口镇	多孔梁桥,长260米,宽9米
65	梅县锦江桥	民国	丙村镇	多孔梁桥,长270米,宽7米
66	蕉岭八仙桥	清嘉道年间	蓝坊乡仙坳	三孔石梁桥,1980年改水泥桥面
67	蕉岭福盛桥	清道光年间	蓝坊乡大地村	石平桥
68	大埔勋裕桥	清光绪年间	西河镇鸭姆潭	又称铁吊桥。钢筋混凝土梁桥,长65.5米,宽4.5米
69	大埔七星桥	清光绪年间	枫朗镇街尾	五孔石梁桥
70	大埔仙基桥	民国	茶阳镇西门	钢筋混凝土梁桥,长130米,宽4.2米
71	惠州小西桥	清道光年间	河南岸镇湖山乡	五孔石梁桥
72	博罗五孔桥	明代	麻坡镇坳头龙村	石梁桥,红砂岩砌石墩,青条石桥梁
73	博罗长庆桥	清道光年间	泰美镇良田村	又名七眼桥。七孔石梁桥,长70米,宽2米,高10米
74	博罗会仙桥	清末	长宁镇罗浮山白莲湖畔	单孔石梁桥
75	博罗接仙桥	清末	长宁镇罗浮山朝元洞南	石梁桥
76	博罗涤尘桥	—	长宁镇罗浮山黄龙瀑布	三孔石梁桥
77	博罗澜石桥	—	长宁镇澜石乡罗阳溪上	八孔石梁桥,长60米,宽0.95米
78	龙门大通桥	清嘉庆年间	永汉镇永汉路	十三孔石梁桥,长86米,宽1.65米,抗战时被日机炸断,后以混凝土修复
79	海丰汇津桥	北宋宣和年间,清重修	梅陇镇东侧	五孔石梁桥
80	海丰龙津桥	明天顺年间,清多次重修	海城东侧龙津河上	五孔石梁桥,长80米,宽7.5米,高7.5米
81	海丰安康桥	清道光年间	梅陇镇浅沙村	五孔石梁桥
82	东莞德生桥	南宋绍定年间	莞城镇	将木桥改建为石梁桥,桥下柱梁置有斗拱结构
83	东莞广济桥	明天顺年间	茶山镇南城门	又名七眼桥、茶山桥。红砂岩筑石梁桥,长60米,宽4.2米
84	东莞平津桥	明嘉靖年间,清重建	篁村镇村头陂	石梁桥

续表

序号	桥梁名称	建造年代	坐落位置	说明
85	江门白桥	民国	外海镇南华里村	混凝土梁桥
86	新会龙溪桥	南宋开禧年间,清光绪年间重修	会城镇	又名白石桥。长50.6米,宽5.3米
87	新会见龙桥	清雍正十年(1723年)	双水镇富美村	改建木桥为石桥,九孔伸臂石梁桥
88	新会小冈跃龙桥	清道光年间	小冈镇天台村	单孔伸臂石梁桥
89	开平赤水驳桥	清末重建	赤水镇	又名十七驳桥。石梁桥,长70.5米,宽1.3米,高4米
90	开平道官桥	清代	月山镇文华村	三孔石梁桥
91	开平西溪桥	清代	长沙镇西溪牛咀山顶山	三孔石梁桥
92	开平清湖塘桥	清代	沙塘镇清湖塘村	双孔石梁桥
93	开平村新桥	清代	龙胜镇村新村	双孔石梁桥
94	开平朝冈古桥	清代	龙胜镇赤冈村	双孔石梁桥
95	开平棠安古桥	清代	龙月镇棠安村	三孔石梁桥
96	开平乐仁古桥	清代	龙胜乐仁安村	三孔石梁桥
97	开平塘口古桥	清代	龙胜镇塘口村	三孔石梁桥
98	开平北帝庙桥	清代	龙胜镇月塘村	四孔石梁桥
99	开平高桥	清代	龙胜镇成冈小学	三孔石梁桥
100	开平三家村石桥	清代	马冈镇水登车村	三孔石梁桥
101	开平黄泥塘桥	清代	马冈镇竹围村	三孔石梁桥
102	开平南蛇龙石桥	清代	马冈镇南蛇龙村	五孔石梁桥
103	开平阁桥	清代	马冈镇长间村	六孔石梁桥
104	开平村边上石桥	清代	马冈镇长间村	五孔石梁桥
105	开平下石桥	清代	马冈镇虎山村	五孔石梁桥
106	开平梁鱼潭桥	清代	金鸡镇石湾小学	石梁桥
107	开平石碑头桥	清代	金鸡镇石碑头村	五孔石梁桥
108	开平岗咀桥	清代	赤小镇赤小墟	石梁桥
109	开平师傅桥	清代	赤小镇千安村	五孔石梁桥
110	开平宝塔桥	清代	赤水镇宝塔村	五孔石梁桥
111	开平黄竹木桥	清代	赤水镇竹水乡	石梁混凝土桥面
112	开平榄核桥	清代	赤水镇新联村	三孔石、混凝土混合结构梁桥
113	开平龙安桥	清代	赤水镇龙安村	石梁桥

续表

序号	桥梁名称	建造年代	坐落位置	说明
114	开平木湖桥	清代	赤水镇木湖村	石梁桥
115	开平复兴桥	清代	赤水镇复兴村	五孔石梁桥
116	开平过水塘桥	清代	赤水镇过水塘村	三孔石梁桥
117	开平南胜桥	清代	舰冈镇南胜村	双孔石梁桥
118	开平扫管桥	民国	舰冈镇禾眼村	山石、混凝土梁桥
119	开平松兴桥	民国	百合镇松兴村	石梁桥
120	开平南胜桥	民国	百合镇南胜村	双孔石梁桥
121	开平黄榄桥	清代	赤坎镇龙团村	—
122	开平博济桥	民国	水口镇江村	混凝土梁桥,长63米,宽3.4米
123	开平新桥	民国	水口镇青龙村	双孔石梁桥
124	开平黄冲桥	清代	水口镇	石梁桥
125	恩平崩坎桥	清道光年间	良西镇崩坎村	石梁桥
126	恩平水口桥	清代	沙湖镇水口村	五孔石梁桥
127	鹤山卫坡桥	清雍正年间重建	沙坪镇鹤山造船厂	石梁桥
128	鹤山回澜桥	民国	龙口镇沙洞村	石梁桥
129	南海洲村桥	清代	里水镇洲村	石梁桥
130	顺德利济桥	明代	杏坛镇北水村	单孔石梁桥
131	顺德凌云桥	清乾隆年间	勒流镇扶闾村	三孔石梁桥
132	阳江北门巩桥	清咸丰年间迁建	江城区北门	又名金鸡桥
133	湛江广济桥	清咸丰年间	湖光镇新坡村	又称十九孔桥。十九孔石梁桥
134	海康将军墟桥	清光绪年间重建	龙门镇将军墟	石梁桥,现仅存底部为原结构
135	廉江青塘桥	清道光年间	石岭镇盘龙塘村	又名万寿桥。七孔砖石梁桥
136	茂名龙江桥	民国	公馆墟龙门江上	混凝土梁桥,长4米,宽2.4米
137	化州红花桥	明代,清重修	丽岗镇丽山	砖墩石梁桥
138	化州三叉桥	明代	化州城西郊	三孔石梁桥
139	化州赤坎石桥	明代	丽岗镇赤坎村	石梁桥
140	化州重庆石桥	清同治元年	杨梅镇	又名杨梅石桥。六孔石梁桥
141	化州牛牯坡石桥	—	中垌镇	石梁桥
142	化州石湾墟石桥	清嘉庆年间	官桥镇石湾墟	石梁桥
143	化州七国桥	清光绪年间	笪桥镇	三孔石梁桥

续表

序号	桥梁名称	建造年代	坐落位置	说明
144	四会三坑桥	清嘉庆年间	罗源镇洞心村	双孔石梁桥
145	四会窖坑桥	清代	威整镇下闸村	多孔石梁桥
146	郁南文昌桥	明万历年间,清代重修	建城镇	又名官桥。石柱木梁风雨桥
147	封开广信桥	清道光年间	渔涝镇	石柱木梁桥,仅存14条石柱,顶端凿柱榫,各组柱距19.5米
148	怀集坑口桥	清代	怀城镇龙湾村	砖石砌筑梁桥,分水尖高约6米
149	清远官路桥	清光绪初年	石角镇官路坑	十四孔石梁桥,长66.8米,宽1.2米,高2.6米
150	阳山接龙桥	清代	秤架镇秤架村	双孔石梁桥

注:本表根据"广东文化网"整理汇编。

参考文献

［1］广州市地方志编纂委员会.广州市志:卷十六［M］.广州:广州出版社,1999.

［2］《广州市文物志》编委会.广州市文物志［M］.广州:岭南美术出版社,1990.

［3］佛山市地方志编纂委员会.佛山市志:上［M］.广州:广东人民出版社,1994.

［4］佛山市博物馆.佛山市文物志［M］.广州:广东科技出版社,1991.

［5］惠州市博物馆.惠州文物志［M］.广州:岭南美术出版社,2009.

［6］陈泽泓.岭南建筑志［M］.广州:广东人民出版社,1999.

［7］珠海市文物管理委员会.珠海市文物志［M］.广州:广东人民出版社,1994.

［8］周大鸣,吕俊彪.珠江流域的族群与区域文化研究［M］.广州:中山大学出版社,2007.

［9］深圳市文物管理委员会.深圳文物志［M］.北京:文物出版社,2005.

［10］黄淑娉.广东族群与区域文化研究［M］.广州:广东高等教育出版社,1999.

［11］肇庆市文物志编纂委员会.肇庆文物志［M］.广州:广东省新闻出版局,1996.

［12］中山市文化局.中山市文物志［M］.广州:广东人民出版社,1999.

［13］东莞市地方志编纂委员会.东莞市志［M］.广州:广东人民出版社,1995.

［14］唐寰澄.中国古代桥梁［M］.北京:中国建筑工业出版社,2011.

［15］项海帆,潘洪萱,张圣城,等.中国桥梁史纲［M］.上海:同济大学出版社,2009.

［16］李绪洪.广东历史桥梁的保护与景观有机更变研究［M］.北京:中国轻工业出版
　　社,2010.

［17］李合群.中国古代桥梁文献精选［M］.武汉:华中科技大学出版社,2008.

［18］吴礼冠.图像中国古代桥梁［M］.北京:中国建筑工业出版社,2011.

［19］深圳市文物考古鉴定所.深圳炮楼调查与研究［M］.北京:知识出版社,2008.

［20］黄佛颐.广州城坊志［M］.广州:广东人民出版社,1994.

［21］吴良镛.人居环境科学导论［M］.北京:中国建筑工业出版社,2001.

［22］增城市地方志编纂委员会.增城县志［M］.广州:广东人民出版社,1995.

［23］中国科学院自然科学史研究所.中国古代建筑技术史［M］.北京:科学出版社,1985.

［24］常青.建筑遗产的生存策略保护与利用设计实验［M］.上海:同济大学出版社,2003.

[25] 凯文·林奇.城市形态[M].林庆怡,陈朝晖,邓华,译.北京:华夏出版社,2001.

[26] 张松.历史城市保护学导论:文化遗产和历史环境保护的一种整体性方法[M].上海:上海科学技术出版社,2001.

[27] 於贤德.中国桥梁[M].广州:广东旅游出版社,1996.

[28] 杨士金,唐虎翔.景观桥梁设计[M].上海:同济大学出版社,2003.

[29] 张凡.城市发展中的历史文化保护对策[M].南京:东南大学出版社,2006.

[30] 史蒂文·蒂耶斯德尔,蒂姆·希思,塔内尔·厄奇.城市历史街区的复兴[M].张玫英,董卫,译.北京:中国建筑工业出版社,2006.

[31] 简·雅各布斯.美国大城市的死与生[M].金衡山,译.南京:译林出版社,2006.

[32] 扬·盖尔.交往与空间[M].何人可,译.北京:中国建筑工业出版社,2002.

[33] 廖传波.深圳市港城协调发展研究[D].大连:大连海事大学,2010.

[34] 陈丹丹.产业发展与水环境容量协调研究——以中山为例[D].广州:中山大学,2005.

[35] 陈亮雄.西、北江下游及其三角洲网河数学模型及 GIS 系统[D].广州:华南理工大学,2004.

[36] 芦原义信.外部空间设计[M].尹培桐,译.北京:中国建筑工业出版社,1985.

[37] 黄观礼.博罗县文物志[M].广州:中山大学出版社,1988.

[38] 花县地方志编纂委员会.花县志[M].广州:广东人民出版社,1995.

[39] 王璧文.清官式石桥做法[M].北京:中国营造学社,1936.

[40] 张鸿雁.城市形象与城市文化资本论:中外城市形象比较的社会学研究[M].南京:东南大学出版社,2004.

致　谢

文至致谢,方觉最难启笔。点滴心头,无以言表。

古桥建筑是中国历史文化遗产的重要组成部分。南粤古桥源远流长,浩若繁星,灿烂辉煌。

笔者长期从事历史建筑保护和城乡环境设计工作,由于专业和职业的关系,常有机会见到古桥,久之对古桥建筑兴趣渐浓,对古桥文化情有独钟。本书是在我硕士论文的研究基础上不断深入完善而成的,喜悦的是经过自己多年的学习与实践,学习上取得了长足的进步,但由于自身的学术功底和能力不足,未能更好地完成预定的目标,略带遗憾。如果说这本书对我们了解广东珠三角地区历史桥梁有一些帮助的话,我愿意与大家一同分享,也期望得到大家的批评指正。虽然本书的一些内容仍然显得不够成熟,有待深入研究和分析,但在这个过程中得到了许多老师、同行和朋友们的支持和帮助,向他们表示衷心的感谢。

我的研究生导师李绪洪教授谙悉岭南古建园林并涉略传统书画艺术,他治学严谨、学识渊博。在我三年的研究生学习和论文的选题、课题的研究过程中,得到李老师的悉心指导。李老师举重若轻的学者风度、热情随和的个性、豁达中正的人品和亦师亦友的教导风格深深地影响了我的为人,李老师对学生无微不至的关怀,更令我此生难忘。能有师如是,当是何等幸事。

在专业学习以及本书的撰写过程中,我还得到了广东工业大学朱雪梅教授、黄华明教授、王萍副教授、朱向红副教授的指导,特此感谢。在调查和研究的过程中,得到了众多单位和朋友的支持和帮助,在此谨表谢意,尤其是张荣辉、陈怡宁、黄迅、赖晓青、陈盛文、张辞、陈怡娜、叶丹丹、范亚飞、陈华贞、李江勇、柳琴、严艺超、竺培愚、周红梅、倪元相、周景报、史会全、王秋菊等老师和朋友的支持和帮助。

衷心感谢广东理工学院张湘伟校长、王义宁副校长、刘香萍副校长等学校领导对我专业学习和工作成长道路上的关怀与照顾。感谢哈尔滨石油学院校长柴维斯教授为本书作序。真诚感谢所有帮助过我的老师和朋友们。

家人对我的关爱不言而喻,他们为我提供了舒适的生活环境,二十多年来一如既往地支持我的学习,无私之爱凝注我心。谨以此书,献给我远在天国的父亲。

　　本书出版得到了广东理工学院科研基金的资助和重庆大学出版社的大力支持,在此谨表谢意!

蒙子伟

2020 年 5 月于广东肇庆